岳武穆秘传易筋经

岳武穆秘传易筋经

YUEWUMU MICHUAN YIJINJING

侯雯 编著

秘传易筋经

河南科学技术出版社
·郑州·

图书在版编目（CIP）数据

岳武穆秘传易筋经 / 侯雯编著. —郑州：河南科学技术出版社，2014.8（2024.7重印）

ISBN 978-7-5349-6846-4

Ⅰ.①岳… Ⅱ.①侯… Ⅲ.①易筋经（古代体育）-基本知识 Ⅳ.①G852.6

中国版本图书馆 CIP 数据核字（2013）第 320084 号

出版发行：河南科学技术出版社
地址：郑州市经五路 66 号 邮编：450002
电话：（0371）65737028 65788633
网址：www.hnstp.cn
策划编辑：韩雅楠
责任编辑：朱江涛
责任校对：李振方
封面设计：朱 婧
版式设计：王高峰
责任印制：张艳芳
印　　刷：三河市腾飞印务有限公司
经　　销：全国新华书店
幅面尺寸：170 mm×240 mm　**印张**：16.75　**字数**：230 千字
版　　次：2014 年 8 月第 1 版　2024 年 7 月第 3 次印刷
定　　价：68.00 元

中华武术经典珍藏丛书编委会

（排名不分先后）

图 1

岳飞，字鹏举，南宋抗金名将，官封少保。宋高宗时蒙冤入狱，最后以“莫须有”的罪名被杀害；孝宗时诏复官，追谥武穆；宁宗时追封为鄂王，改谥忠武。人们仍习惯尊称其岳武穆。（图1）

图 2

岳飞自幼习武，立志长大后要征战沙场，誓杀金贼，报效国家。（图2）

图3

岳飞年至弱冠即已练就神力，力可举鼎，臂可开弓，腿可断桩，拳可碎碑。（图3）

图4

据传，岳飞神勇得自练习易筋经。易筋经乃少林绝艺，名震武林。后世常把“武穆易筋经”视为功夫正宗。（图4）

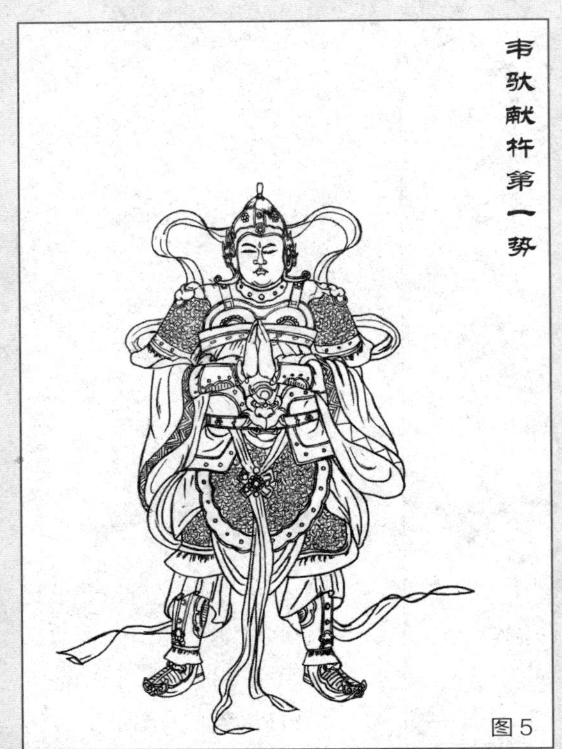

韦驮献杵第一势（图5）

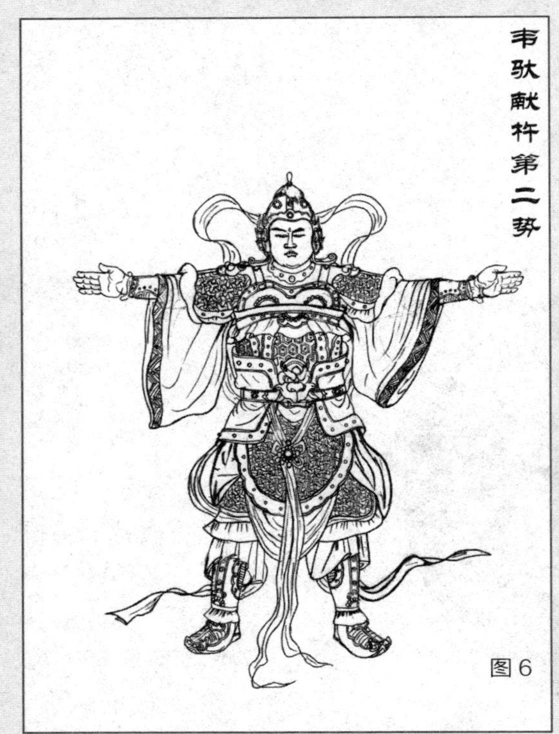

韦驮献杵第二势（图6）

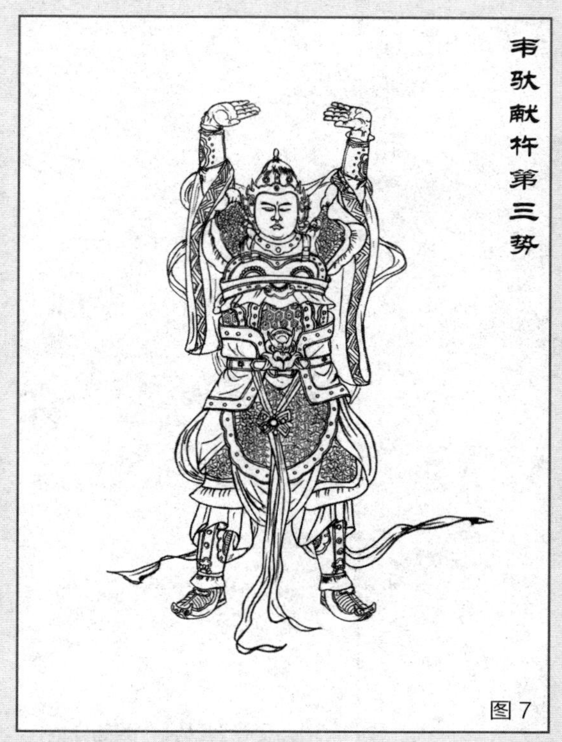

图7

韦驮献杵第三势（图7）

图8

摘星换斗势（图8）

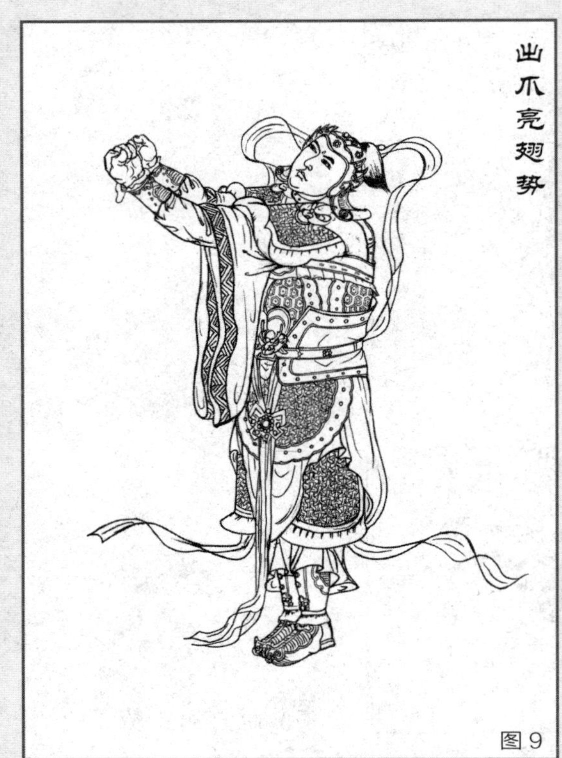

出爪亮翅势（图9）

倒拽九牛尾势（图10）

图 11

九鬼拔马刀势（图 11）

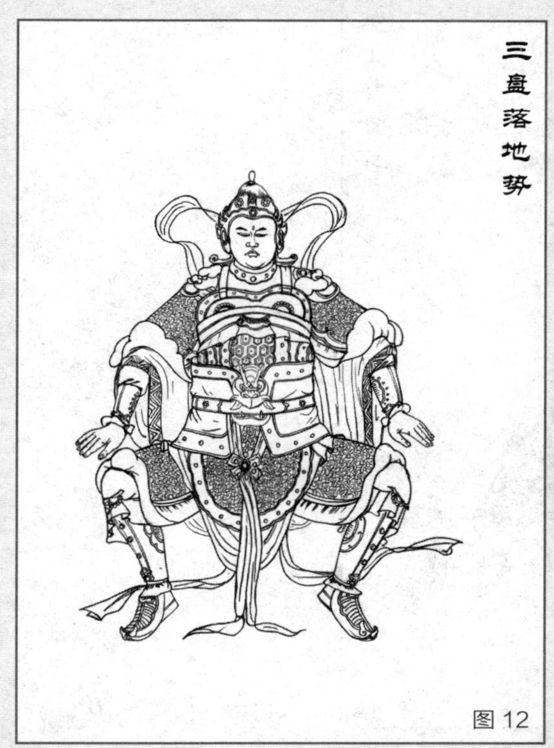

图 12

三盘落地势（图 12）

青龙探爪势（图 13）

卧虎扑食势（图 14）

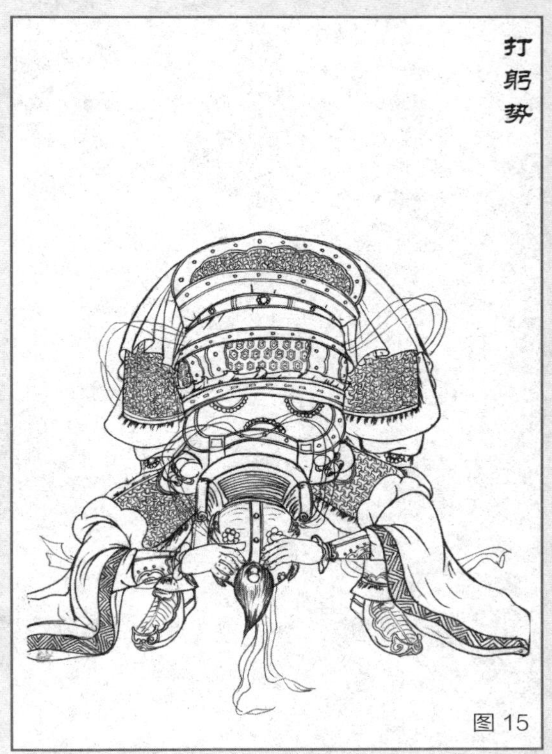

打躬势（图15）

工尾势（图16）

目录

第一章 易筋经要论

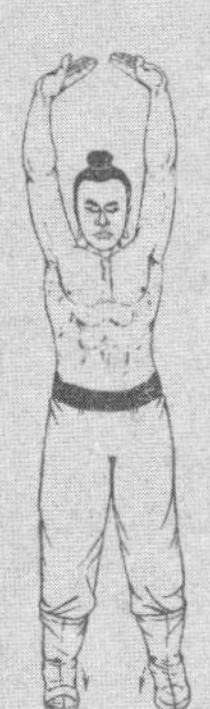

第一节 牛皋序

余，武人也，少未深于文章，好弄长枪大剑，盘马弯弓以为乐。值中原沦丧，徽、钦北狩，泥马渡河，江南多事。余因应少保岳元帅之募，署为裨将，屡上战功，遂为大将。

忆昔年奉少保将令出征，后旋师还鄂。归途，忽见一游僧，状貌奇古，类阿罗汉相，手持一函入军营，嘱余致函少保。

叩其故，僧曰："将军知少保有神力乎？"

余曰："不知也，但见吾少保能挽百钧之弓耳。"

僧曰："少保神力天赋之欤？"

余曰："然。"

僧曰："非也，余授之耳。少保幼尝从学于余。神力成功，余嘱其相随入道。不从，去而作人间勋业事。名虽成，志难竟，患将至。呜呼，天也，命也，运也，奈若何？今将及矣！烦致此函，或能反省，或免其厄，亦未可知也。"

余闻言，不胜悚异。叩姓氏，不答；叩所之，曰："西访达摩师。"余惧其神威，不敢挽留，竟飘然去。

少保得函，读未竟，泣数行下，曰："余师神僧也，不余待，余其休矣。"因从襟袋中出一册付余，嘱曰："好掌此册，择人而授，勿使进道法门斩焉中绝，有负神僧也。"不数月，果为奸相所构。

余心伤少保，冤愤莫伸，视功勋若粪土，因无复人间之想矣。念少保之嘱，不忍负，恨武人无巨眼，不知斯世谁具证道根行，堪传此册者。

择人既难，妄传无益。因藏于嵩山之石壁中，听有道缘者自得之，以衍进道之法门，庶免妄传之咎，可酬对少保于天上矣！

宋绍兴十二年鄂镇大元帅少保岳麾下宏毅将军汤阴牛皋序

第二节 总论

【古谱】

凡学者，初基有二，一曰清虚，一曰脱换。能清虚，则无障；能脱换，则无碍。无障、无碍，始可入定、出定矣；知乎此，则进道有其基矣。所云清虚者，洗髓是也；脱换者，易筋是也。

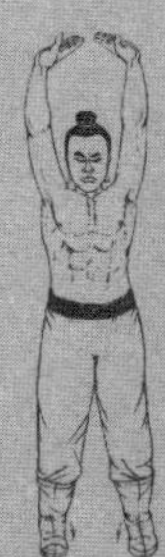

其洗髓之说，谓人生感于情欲，一落有形之身，而脏腑、肢体悉为渣秽所染，必洗涤净尽，无一毫之瑕障，方可步超凡入圣之门。不由此，则进道无基。

所言洗髓者，欲清其内；易筋者，欲坚其外。如果能内清静、外坚固，登圣域在反掌之间耳，何患无成？

且云易筋者，谓人身之筋骨由胎禀而受之，有筋弛者、筋挛者、筋靡者、筋弱者、筋缩者，筋壮者、筋舒者、筋劲者、筋和者，种种不一，悉由胎禀。如筋弛则病，筋挛则瘦，筋靡则痿，筋弱则懈，筋缩则亡；筋壮则强，筋舒则长，筋劲则刚，筋和则康。若其人内无清虚而有障，外无坚固而有碍，岂许入道哉？故入道莫先于易筋，以坚其体，壮内以助其外。否则，道亦难期其所言。

易筋者，易之为言大矣哉。易者，乃阴阳之道也。易即变化之易也。易之变化，虽存乎阴阳，而阴阳之变化，实有存乎人。弄壶中之日月，搏掌上之阴阳。故二竖系之在人，无不可易。所以，为虚，为实者易之；为寒，为暑者易之；为刚，为柔者易之；为静，为动者易之。高下者，易其升降；后先者，易其缓急；顺逆者，易其往来。危者，易之安；乱者，易之治；祸者，易之福；亡者，易之存。气数者，可以易之挽回；天地者，可以易之反覆，何莫非易之功也。至若人身之筋骨，岂不可以易之哉？

然筋，人身之经络也。骨节之外，肌肉之内，四肢百骸，无处非筋，无经非络，联络周身，通行血脉，而为精神之外辅。如人肩之能负，手之能摄，足之能履，通身之活泼灵动者，皆筋之挺然者也，岂可容其弛挛靡弱哉？而病瘦痿懈者，又宁许其入道乎？

佛祖以挽回斡旋之法，俾筋挛者易之以舒，筋弱者易之以强，筋弛者易之以和，筋缩者易之以长，筋靡者易之以壮，即绵泥之身可以立成铁石，何莫非易之功也，身之利也，圣之基也，此其一端耳。故阴阳为人握也，而阴阳不得自为阴阳；人各成其人，而人勿为阴阳所罗；以血气之躯，而易为金石之体。内无障，外无碍，始可入得定去，出得定来。

然此着功夫亦非细故也，而功有渐次，法有内外，气有运用，行有起止。至药物器制、火候岁年、饮食起居，始终各有征验。其入斯门者，务先树信心，次立虔心，奋勇坚往，精进如法，行持而不懈，无不立跻圣域云。

【解析】

习武修功的人，入门的基础功夫有两个方面：其一叫作清虚的功夫；其二叫作脱换的功夫。能够清虚就无任何阻障；能够脱换就无任何妨碍。无障无碍，身心清净就能入定，如果不知道这个道理，要想修炼成上乘的武功就没有基础，更别想以武入道了。

那么，什么是清虚呢？

清虚就是洗髓的功夫，简而言之，就是修真养性，也就是静功，注重清洗内在的精神思想。其洗髓的道理是说，人之出生是由于父母的情欲所感，使精卵发生结合的产物。有了结合的精卵，便落于有形物质的躯体。人落于后天之后，脏腑肢体都渐渐被物质世界一些污浊的东西所染。比如：看了不该看的，听了不该听的，想了不该想的，动了不该动的，吃了不该吃的，闻了不该闻的，说了不该说的。凡是不该的均为污浊，必须洗涤干净，无丝毫的污点和障碍，方才可以步入超凡入圣之门。不经过洗髓的锻炼，进道便无先决条件。如果能做到内在的思想意念清净，外在的物质形体坚固，获得长寿那就是易如反掌的事了。

什么是脱换呢？

脱换就是易筋经功夫。易，就是变化，改变。天地之间所有发生变化的现象都叫作易。易字是运用了《周易》之说，由“日”和“月”结合而成。日表示阳，月表示阴，日月结合，表示阴阳交合、运变无穷之意。将易用于武功时，它不但有变化、改变的意思，同时也有调节之意。就是说，武功修炼中，在不断地调节着人体阴阳的平衡，只有人体阴阳平衡了，才能心境泰然，无任何疾病或障碍。故而，武功中用易字作为变化时，完全是一种“良性”的变化和改变，调节的目的是向着好的一面发展的。

为什么说筋经需要易（改变）呢？

因为筋经是人体的发劲之源。

什么叫筋经？

筋经就是人体的筋脉和经络。骨节之外，肌肉之内，四肢百骸，无处不是筋经，不是横的便是竖的，到处布满，联络周身，通行血脉，成为精神对外指挥形体必须依赖的支柱。

不过，筋和经是两个不同但又紧密联系的概念。二者相互协同，以沟通表里，联系内外。人体的九州九窍，五脏六腑，十二节之气，皆能通乎天地者，即赖于筋经这一作用。人体营卫之气的流行，以及与天地二气的沟通，是通过经来进行的，它附着于人体的五脏六腑。但是筋起到一个支撑和附着经的骨架作用。没有筋的支撑，“经”的上述功能就难以得到发挥。

若从体用这个角度来说，筋为体，则经为用，只有健康的体才有正常的用。易筋经之所以易的是筋经，并以筋经命名，就是首先经过筋体的锻炼，来达到经络的通畅。而只有经络的畅达，才有营卫气血的正常运行，才有五脏的强健。因此，筋的强与否，能否起到支撑经络的骨架作用，

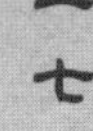

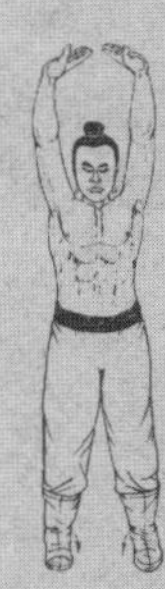

这是以上过程中的一个最基本的环节，通过练筋体来发挥经用，这就是易筋经的基本含义所在。要研习易筋经，首先要对其独到的理论及特殊风格有一定的认识。

人的肩膀能担负重物，手能捉拿物体，脚能走路，全身能灵活地运动，都是筋经顺达的缘故。要知人身上的筋骨经络原是由先天的禀赋所造成，落入后天便有筋经松弛者、筋经摇颤者、筋经紊乱者、筋经细弱者、筋经屈缩者、筋经强壮者、筋经舒畅者、筋经刚劲者、筋经柔和者等种种不一。在后天的生命过程中，筋经松弛则会生病，筋经摇颤则显瘦弱，筋经紊乱则生畸形，筋经细弱则软弱无力，筋经屈缩则随时都会死亡。然而，筋经强壮则刚强，筋经舒畅则发育良好，筋经刚劲则勇猛有力，筋经柔和则健康长寿，这些都与在娘胎里先天禀赋有关。

不论人的先天体质强弱，一旦受到外感六淫（风、寒、暑、湿、燥、火）侵袭，以及七情（喜、怒、忧、思、悲、恐、惊）所扰都会生病，只有通过易筋经功夫的修炼以坚固其身体，强壮内脏以辅助外在的形体，方能百病难侵。人通过功夫的锻炼，可以帮助筋经摇颤的变化为平舒，筋经细弱的变化为强壮，筋经松弛的变化为柔和，筋经屈缩的变化为伸长，筋经紊乱的变化为畅壮。即使是一个瘫如绵泥之人，或者是后天生活中所损伤引起的虚弱等，能够修炼好易筋经功夫，身体也可以由弱变强，羸弱的身体很快变得铁石般的强壮。由此可见，“易”的力量是多么的神奇。

然而，练习易筋经这种功夫有循序渐进的要求，先练什么，后练什么，再练什么，都有一定的规律。在方法上，有专门针对内脏的，有专门针对外体的；呼吸有吐有纳，内气有运行的情况和发挥效用的情况，行功有动功、静功之分；至于内气与身体调节情况，无论是从身体内部的循环变化，以及对应的外部自然时令节候，还是药物配方、器械制作、饮食起居、行动举止等，一步步自始自终都有明显的要求和验证。

要想得到这种神奇的验证，不是凭口头上说了就行的，它首先需要具备不得正果不罢休的坚定恒心和毅力，还要树立从点滴积累的虔诚信念，求真务实，奋勇前进，精益求精，坚持不懈。具备了这一信心，再按法修炼，寒暑不间，没有不能成功的道理，也只有这样，才能达到易筋经所要达到的境界。

第三节　膜论

【古谱】

夫一人之身，内而五脏六腑，外而四肢百骸；内而精气与神，外而筋骨与肉，共成其一身也。如脏腑之外，筋骨主之；筋骨之外，肌肉主之；肌肉之内，血脉主之。周身上下动摇活泼者，此又主之于气也。是故，修炼之功全在培养血气者为大要也。即如天之生物，亦不过随阴阳之所至而百物生焉。况于人生乎？又况于修炼乎？

且夫精气神，虽无形之物也；筋骨肉，乃有形之身也。此法必先练有形者为无形之佐，培无形者为有形之辅，是一而二，二而一者也。若专培无形而弃有形，则不可；专练有形而弃无形，则更不可。所以，有形之身必得无形之气，相倚而不相违，乃成不坏之体。设相违而不相倚，则有形者化而无形矣。

是故，练筋必须练膜，练膜必须练气。然而，练筋易而练膜难，练膜难而练气更难也。先从极难极乱处立定脚跟，后向不动不摇处认斯真法。务培其元气，守其中气，保其正气，护其肾气，养其肝气，调其肺气，理其脾气，升其清气，降其浊气，闭其邪恶不正之气。勿伤于气，勿逆于气，勿忧思悲怒以顺其气。使气清而平，平而和，和而畅达，能行于筋，串于膜，以致通身灵动，无处不行，无处不到。气至则膜起，气行则膜张，能起能张，则膜与筋齐坚齐固矣。

如练筋不练膜，而膜无所主；练膜不练筋，而膜无所依；练筋、练膜而不练气，而筋膜泥而不起；练气而不练筋膜，而气痿而不能宣达、流串于经络。气不能流串，则筋不能坚固。此所谓参互其用，错综其道也。俟练至筋起之后，必宜倍加功力，务使周身之膜皆能腾起，与筋齐坚，始为了当。否则，筋坚无助，譬如植物无土培养，岂曰全功也哉？

般刺密谛曰：此篇言易筋以练膜为先，练膜以练气为主。然此膜人多不识，不可为脂膜之膜，乃筋膜之膜也。脂膜，腔中物也；筋膜，骨外物也。筋则联络肢骸，膜则包贴骸骨。筋与膜较，膜软于筋；肉与膜较，膜劲于肉。膜居肉之内、骨之外，包骨衬肉之物也，其状若此。行此功者，必使气串于膜间，护其骨，壮其筋，合为一体，乃曰全功。

【解析】

人体是由五脏六腑、四肢百骸、筋骨皮肉、气血精神所共同组合而成的一个有机整体，而于髓骨之外、皮肉以内，以及在内的五脏六腑、外在

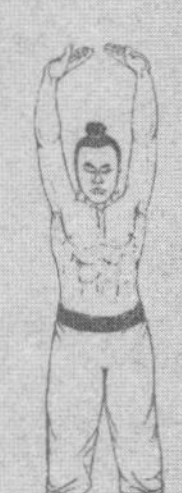

的四肢百骸，每一处都是靠筋经联络支持的；同时有筋经的地方也有膜。

什么是膜呢？

这个膜不是带油脂的块膜，而是与筋具有同样作用的膜。带油脂的膜，是腹腔五脏中的东西；筋膜呢，则是附在骨头外面的东西。筋联络四肢百骸，膜则包贴骸骨。筋与膜相比较，膜软于筋；肉与膜相比较，膜又坚劲于肉。膜处的位置在肉之内、骨之外，既包贴于骨头，又附衬于肉，这就是膜。从而可知，练筋比练膜要容易一些，练膜比练筋要难些。

不论是练筋还是练膜，最基础的起步都是以练气为开端的。

为什么呢？因为人体除了内在的五脏六腑、外在的四肢百骸外，还有属于内在的精气神、外在的筋骨皮肉所共同组成的一个有机整体。它们之间相互存在依存关系。脏腑之外有筋骨为支撑，筋骨之外有肌肉支持，肌肉之内有气血为支撑，周身上下能够灵活运动，这又是气为之支持。所以说，易筋经的修炼关键，全在于气血的培养。

气血的重要性是平衡阴阳，这正如大自然要生万物，必需日月之光辉、雨露之滋润，合而言之，“气”也。古论中说：“气实为人类性命之根，造化之源，生死之本。”人如果能善养此气，则可以预防疾患，延缓衰老；反之，不注意养气而听其涣散，则难免疾病丛生，未老先衰。易筋经正是通过后天人为的锻炼，以达到练后天补先天、养精蓄气、延年益寿的目的。

因而，从其功夫上来看，虽有万端变化，概括起来也不过是“练气”而已。所以，练筋就必须练膜，而练膜就必须练气。然而，练筋容易而练膜较难，练膜难而练气更难。

气又该怎么去练呢？

传统的修真理论中讲，肾气言护，指保养精不使泄漏；肝气言养，指养其平和之心不使恼怒；肺气言调，指调节呼吸使其深长细匀；脾气言理，指调理净化意念不生贪欲。使气清纯而平和，平和就能畅达，就能行于筋，串于膜，以至通身灵动，无处不行，无处不到。气到的地方膜就能起，气运行膜就扩张，能起能张，那么膜与筋就能共同坚固。

等到练至筋坚挺之后，务须全身的膜都能空腾起来，与筋同样坚实。膜坚实附着于筋之外，成为保护层；筋坚实附着于膜之内，成为后盾、主心骨。必须使气串于膜间，护其骨，壮其筋，使筋、膜、骨、肉、气合为一体，才算功夫完全。否则，只是筋坚固而膜不坚固，筋就失去帮助，就像植物没有土的培养就难以生长，这就不是完全的功夫。

第四节　内壮论

【古谱】

内与外对，壮与衰对。壮与衰较，壮可久也；内与外较，外勿略也。

内壮言坚，外壮言勇。坚而能勇，是真勇也；勇而能坚，是真坚也。坚坚勇勇，勇勇坚坚，乃成万劫不化之身，方是金刚之体矣。

凡练内壮，其则有三：

一曰守此中道。

守中者，专于积气也。积气者，专于眼、耳、鼻、舌、身、意也。其下手之要，妙于用揉。

凡揉之时，宜解襟，仰卧。手掌着处，其一掌下胸腹之间，即名曰中。唯此中，乃存气之地，应须守之。守之之法，在乎含其眼光，凝其耳韵，匀其鼻息，缄其口气，逸其身劳，锁其意驰，四肢不动，一念冥心。先存想其中道，后绝其诸妄念，渐至如一不动，是名曰守，斯为合势。

盖揉在于是，则一身之精气神俱注于是。久久积之，自成庚方一片矣。设如杂念纷纭，驰想世务，神气随之而不凝，则虚其揉矣，何益之有？

二曰勿他想。

人身之中，精神气血不能自主，悉听于意，意行则行，意止则止。守中之时，意随掌下，是为合势。

若或驰意于各肢，其所凝积精气与神，随即走散于各肢，即成外壮，而非内壮矣。揉而不积，又虚其揉矣，有何益哉？

三曰待其充周。

凡揉与守，所以积气。气既积矣，精神、血脉悉皆附之，守之不驰。揉之且久，气唯中蕴，而不旁溢。气积而力自积，气充而力自周，此气即孟子所谓"至大至刚，塞乎天地之间者，是吾浩然之气也。"

设未及充周，驰意外走，散于四肢，不唯外壮不全，而内壮亦属不坚，则两无是处矣。

【解析】

人体本身，有内与外的相对，强壮与虚衰的相对。壮与衰做比较，当然是壮更令人羡慕；内与外做比较，外面固然需要强健，而内里的强健绝不可以忽略。

内与外的修炼是有区别的，凡是专修内壮的（也称内功），是与道合真；只外壮者，为勇猛剽悍。内修道者，为通达佛域的基础，外壮仅为一介

勇夫。内壮显示的是坚实，外壮显示的是勇猛；既坚实又勇猛，才能够成为真勇，而既勇猛又坚实，才能够称得上是真坚实。只有内外双修后，才能达到坚中有勇，勇中有坚，既坚又勇，坚勇浑一，才能成为以武入道的金刚之体。

凡是修炼内壮之功，其要求原则有三个方面：

第一是守中道。

守中道的意思是指专门从事积气。

什么叫积气呢？

也就是使眼、耳、鼻、舌、身、意，专于一处，即眼不外观、耳不外听、鼻不外闻、舌不外尝、身不乱动、意不外想。如果眼外观，就会看到不该看的；耳听到不该听的；鼻闻到不该闻的；舌尝到不该尝的；等等。凡此种种就会导致心思波动，想一些不该想的事而导致身体内外的不稳定，这些感官和思维不断波动、使用激烈，就会将人最灵明的元神逐一地损耗，致使人的先天慧性蒙上污垢，以致不能悟道。所以，入门之初，要锁心猿拴意马，将心神全部内视于“中”。中者，广义称之为“心神专一”，狭义即指“下丹田”。

做好了“守”的同时，下手的方法就是用“揉”。至于揉的方法，将在后面的专门论述中有详解，此暂不赘述。

凡是练习揉功的时候，必须解开衣服，仰卧于床上，手掌要揉的地方，在心口下约一掌的位置，即胸腹之间，这就是所谓的“中”，胸腹之间即肚脐的位置。肚脐下、命门上，中空一穴，就是丹田，又名气穴、气海。说它是存气之地，其实应是生气之源才对。从而可知，守中之法，是练气的法门。也就是说，练揉之前，必须要通过练气，有了丹田气为基础后，才能够练揉有成。

练气之法，首先就要从意守丹田入门。方法是：双目微闭而内视（垂帘内观），两耳什么也不要听（不可能不听，听的是自己的呼吸，即使呼吸无声之意）；鼻息悠悠，深匀细长，任其自然；口要闭着，舌抵腭部，上下齿轻轻相扣；全身放松，勿使一丝紧张，并且什么也不要想，极静极明时，即一意存中。法诀就是“含其眼光，凝其耳韵，匀其鼻息，缄其口气，逸其身劳，锁其意驰，四肢不动一念冥心”这七句。达到了这一地步，就做到了“守”的要求。

“先后存忘”的意思是说，守不住难以出功夫（尤其初练时，难以存中）；但又不能过于执着（死守握固，易于出偏）。当然，练得久了，可以操纵自如，就达到自然而然的境界，似守非守，不守自守，如“忘”一般。

要进入揉功，就得从这时（真正达到守中）开始。所谓从这时开始的道理是，一身的精气神，这时都集聚在一处了，久而久之，精气神的聚积，自然会使体内产生一片光明（即阴中生出真阳），这一切都需要心静如一，恬静泰然。假如杂念纷纭，思想总是想着这或想着那，一点也得不到宁静时，人的神气便会随着思想而分散到体外，这时就是进行揉功，也是空洞而无实际意义的揉，这样的练法是什么益处都没有的。

第二是不能有杂念。

人身之中，精神气血是没有自主权的，都听从于意的指挥。意思是说，精神气血处在先天状态下都有自主权，各自按客观规律之道，从事自己的职责，而落入后天，便受“意”（意识、思维，也称后天识神）的指挥，失去自身原本的自由。这个“意”，它有着两面性，人在初生之时，身心都是美善的。若为情欲杂念把这些善与美一一消耗掉，这时人的先天的善与美便被抹杀，再加上眼睛看到的一些诱惑事物，耳朵听到一些令人心动的声音，鼻子闻到令人心烦或心喜的气味，舌尝到酸甜苦辣咸等味，令人向往，身体感触到使人喜乐或痛苦的一切令自身思维偏向极端时，就会对自身的元神有所损耗，这个“意”，是不可取的。我们需要的是“良性的意”！也就是正确的意识指导，使人达到身心清净，不受任何不正之“念”的影响。

当下手的时候，意也随着掌下（这就是意、气与行为吻合为一体的方法）。如果下手时意念分散到身体其他地方，那么刚刚凝聚的精气神随即会走散于其他地方。即使是练得强壮，只能是外壮，并不是内壮。所以，揉而不能使意将精气神聚在一块，这种揉又是得不到实际东西，也没有什么益处。

第三是要使所练之气充满周身。

凡是揉和守，目的都在于积气。气能够积时，精神血脉都会归附于守，而不分散（自由散漫之意）；揉的时间长了，气也就一直蓄积于丹田，而不走散。气能积，则力（劲）也能积，就是有气必有力，气一旦充满，则力劲也处处具有。所谓的这个气是什么气呢？就是儒家亚圣孟子所说的“至大至刚，塞乎天地之间”的浩然之气。如果气尚未充实走遍全身，就使意分散于四肢百骸时，不但内壮不能坚实，而且外壮也不坚实，内与外两个方面也都达不到预期的练功效果的。所以，外强必先内壮，内壮首要就在于积累精气，意气专一，混元一体。

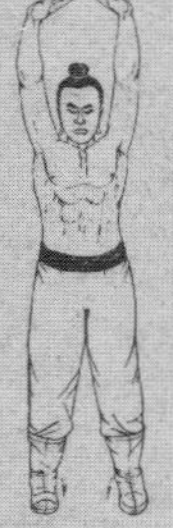

第五节　揉法

【古谱】

夫揉之为用，意在磨砺其筋骨也。磨砺者，即揉之谓也。其法有三段，每段百日。

一曰揉有节候。如春月起功，功行之时，恐有春寒难以裸体，只可解开襟。次行于二月中旬，取天道渐和，方能现身。下功，渐暖，乃为通便，任意可行也。

二曰揉有定势。人之一身，右气左血。凡揉之法，宜从身右推向于左，是取推气入于血，分合其通融。又取胃居于右，揉令胃宽，能多纳气。又取揉者右掌有力，用而不劳。

三曰揉宜轻浅。凡揉之法，虽曰人功，宜法天义。天地生物，渐次不骤，气至自生，候至物成。揉者法之。但取推荡，徐徐来往，勿重勿深，久久自得，是为合势。设令太重，必伤皮肤，恐生瘢痱；深则伤于肌肉，筋膜恐生热肿，不可不慎。

【解析】

谚语中有一种说法叫作“人体筋骨要经过磨砺之后才能健壮”，恰如“天将降大任于斯人也，必先苦其心志，劳其筋骨，饿其体肤”，而后才能做大事。这里的磨砺，于易筋经中，只是一种形容而已，其实际的做法就是“揉”，二者的意思是相同的。

揉功的方法共有三步要领：

第一是春月起功。

此法大概分为三段，每段以百日为限。春季之初，这时天气还比较寒冷，就不能脱光衣服，只需将衣襟解开就行了。到二月的中旬，天气渐渐暖和，这时就能脱光衣服，但以脱光衣服而不着凉才能行功，一旦感觉受凉时，意念就不会集中，这样于练功不利。以后天气更加暖和，就可任意行功了。任意是说不受天气的局限，并不是指练功不按规矩，这一点要恰当理解其意。

第二是揉要有一定的方式。

人的身体中，右边主气，左边主血。凡进行揉功时，宜从右向左推。这种揉法的道理在于，推右边气入左边血，令其左右气血通融。

再者，胃居于右侧，先从右边揉，能宽和胃脏，使胃多纳气，而加强胃的消化功能。

还有就是，揉可多用右掌，因为一般人右掌比左掌用起来习惯，方便练功，并且非常有力，揉起来不易感到劳累，能长时坚持。

第三是揉时宜轻宜浅。

揉功虽然是人为的功夫，但它遵循的却是天地自然的道理。大自然生成万物，都有个循序渐进的过程，气机不到不会生，时候不足不成熟；如想一蹴而就，那么违背自然了，徒然求速，欲速则不达，结果也是枉然。

揉功就是效法自然的方法，取其阴阳之气相推鼓荡，徐徐往来，既不重也不深，久久自得，功到自然成。这叫作合势，是人合于天的模式，才是真正的练法。

如果揉得太重，必然会伤皮肤，皮肤一旦受伤，就会生皮肤病（创伤痕迹、斑点、痱子等）；如果揉之过深，就会伤及筋膜肌肉，有可能生出热肿之类的病来。这些都是应当谨慎注意的。当然，过轻也是不行的，轻则无功。

假如要提前练揉法而又不在春夏暖和季节时，该怎么办呢？

我们可以选择避风而比较暖和的屋子来进行；或者用炉火将室内的温度升高后进行。现代可以用空调或者用电热器，比之煤火、炭火较好，在炉火室内练功极易伤肺。

第六节　气血说

【古谱】

人身之所恃以生者，此气耳。源出中焦，总统于肺，外护于表，周通一身，顷刻无间，出入升降，昼夜有常，曷尝病于人哉？及至七情交致，五志妄发，乖戾失常，清者化而为浊，行者阻而不通，表失护卫而不和，里失营运而弗顺。

气本属阳，反胜则为火矣。人身之中，气为卫，血为营。经曰：“营者，水谷之精气也。调和五脏，洒陈于六腑，乃能入于脉也。”生化于脾，总统于心，藏受于肝，宣布于肺，施泄于肾，灌溉一身。

目得之而能视，耳得之而能听，手得之而能摄，掌得之而能握，足得之而能步，脏得之而能液，腑得之而能气。出入升降，濡润宣通，靡不由此也。

饮食日滋，故能阳生阴长，取汁变化而赤为血也，注之于脉，充则实，少则涩。生旺，则六经恃此长养；衰竭，则百脉由此空虚。血盛则形盛，血弱则形衰。血者，难成而易亏，可不谨养乎？

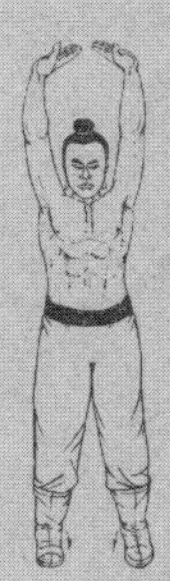

【解析】

一个人的身体所依赖而生存的东西，就是气啊。人身的气，发源于中焦，指膈下脐腹以上的部位，包括脾、胃等脏腑。而气的统帅是肺脏。气的功能，在外能保护人的表皮，往内行能到人身里层的各个方面，它在人的全身周流着，顷刻也没有间断停止过。

如果一个人的气出入升降，无论白天或黑夜都是保持了正常状态，那就不会生疾病。倘若遇着七情——喜、怒、忧、思、悲、恐、惊，交相攻击得过分了，肝志为怒、心志为喜、脾志为思、肺志为忧、肾志为恐，五志的火气妄发过分了，就会影响气的运行。气运行紊乱了，失去常态，就会使清的变为浊的，弄得气运行的道路阻塞不通，使人的表面失掉护卫，而不能与里层营血相调和；在里层的脏腑营血的运行也不能顺畅。这样，人就会生病，因为人身体中的气的本质属阳，气过盛就成为火，《内经》说壮火食气，就是说气不可过于旺盛，过盛的气会使人生病。

一个人的身体之中，气为卫，血为营。《内经》说营血就是水谷的精华，营血与五脏调和、布于六腑，如此才能入于脉管之中。营血产生于心脏，总统于脾，藏受在肝，宣达在肺，施泄在肾，这样才能像灌溉田地一样传遍全身。

营血的功能是很大的！眼睛得了它，就能看见东西；耳朵得了它，就能听见声音；手得了它，就能拿取物件；手掌得了它，才能握住东西；足得了它，才能走路。无论身体的哪种机能，周身血液的出入升降，干枯处能得到滋润，阻塞处能得到通畅，凡此种种，没有哪一样不是靠着营血而起作用的。

我们每天吃食物，就是为了滋养营血，使营血充足。一个人的营血充足，就能使阳气旺盛，又能使阴血增多，而流注到血脉中去。一个人的营血充足，就显得血脉壮实；营血减少了，就会使血脉枯涩衰弱。营血一旦衰竭了，人的百脉也就空虚了，一个人的营血旺盛，外形就显得壮实，营血衰弱而贫血，外形就出现枯瘦。营血是难于生成的，却很容易亏损，因此一个人应当谨慎保养自己的营血啊！

第七节　采精华法

【古谱】

太阳之精，太阴之华，二气交融，化生万物。古人善采咽者，久久皆佛，其法秘密，世人莫知。即有知者，苦无坚志，且无恒心，是为虚负居诸，而成之者少也。凡行内练者，自初功始，至于成功，以至终身，勿论闲忙，勿及外事，若采咽之功苟无间断，则寿功不难于成。其所以采咽者，盖取阴阳精华，益我神智，俾凝滞渐消，清灵日长，万病不生，良有大益！

其法日取于朔，谓与月初之交，其气方新，堪取日精；月取于望，谓金水盈满，其气正旺，堪取月华。设朔望日遇有阴雨，或值不暇，则取初二、初三、十六、十七，犹可凝神补取。若过此六日，则日欠月亏而不足取也。

朔取日精，宜寅卯时登高处默对，调匀鼻息，细吸光华，合满一口，闭息凝神，细细咽下，以意送之，至于中宫，是为一咽。如此七咽，静守片时，然后起行，任从酬应，毫无妨碍。

望取月华，亦准前法，于戌亥时采吞七咽。此乃天地自然之利。唯有恒心者，乃能享用之；亦唯有信心者，乃能取用之。此为法中之一部大功，切勿忽误也。

【解析】

天地之间自然中的精华就是太阳和太阴（即月亮），太阳与太阴的精华之气相互交融时，便会化生出万物。古时候修炼养生的人们，有善于采咽太阳太阴精华的人，长期坚持修炼时，久而久之，便会达到长健、长寿的境界。不过，这种方法是非常秘密的，一般人是很难知道其修炼方法的。

即使是修炼中人，懂得采炼日月精华的秘诀，因为其修炼过程的长期性，所以也常常一曝十寒，因缺乏坚定的意志和恒心，而“虚负居诸”（意思就是说光阴流逝，没有多加利用），大多都以半途而废告终，最后无大收获。

如果每个修炼的人，自初步开始，以至终身，不论是悠闲与繁忙，都不要因为别的事情而忘掉修炼它，仅采咽日月精华这一项功夫，只要确保不间断地修炼，就能达到很高的强健境界。因为这种采咽的功夫，所取日精月华可补益人体，使人元气更加充沛，把积聚在身心中的瘀塞阻滞渐渐疏通祛除，这样清正灵机自会生发，百病难侵。可见，采咽功夫的修炼益处是多么巨大！

那么，采咽日月精华的具体方法是什么呢?

采咽日精应选在每月的初一，这天叫朔日，是太阳与初现的月牙阴阳应合，刚刚生出新气，是取日精的最好时机。

采咽月华则要选择在每月十五日，这天叫望日，是月亮吸收太阳精华最饱满的时机，叫作金水盈满，精华之气正旺，是采月华的最好时机。

假设初一、十五这“朔、望”两天遇有阴雨或多云，则不宜采取，这时可以选在初二、初三，或十六、十七这几天来凝神补采。如果过了这六天，太阳偏斜，月亮亏缺，精华不足，即不宜采取。

初一采咽太阳之精，宜于寅卯时刻，即北京时间 3 ~ 7 时这段时间。站于高处，默对太阳，调匀鼻息，用嘴细细吞吸太阳的光华，等合满一口，即闭住呼吸，专心专意细细咽下，并以意送至中宫（指中丹田，膻中穴部位。也有指下丹田者），这是一咽。可连续做七遍，也就是咽食七口。做完后静守片刻就算收功，便可以去做别的事情，不会于时间上妨碍平时的工作和生活。

在十五这天采取月华，其咽法跟采咽日精是一样的，不过时间是在戌亥时，也就是北京时间 19 ~ 23 时，同样采咽七遍后收功。

采取日精月华的这种功夫，只有具备坚定的恒心与毅力的人，才能够得到天地自然元气这个收益。因为采咽日月精华须月积年累才能显出效果，所以，有恒心信心之人方能取、能用、能得、能享之。

第八节　配合阴阳说

【古谱】

天地，一大阴阳也，相交而后万物生；人身，一小阴阳也，阴阳自交而后能无百病。此亦阴阳互用之妙。内则气血交融，自然无病，无病则壮，其理分明。然功夫亦借阴阳交互之义，以外助盗天地万物之天机也。

凡人之身，阳衰多患痿弱、虚惫等症，宜用童女或少妇三进气以助之；一云宜童女或少妇依法揉之。盖女子外阴而内阳，借取其阳，以助其衰，是为至理。

若阳盛阴衰者，多患火症，宜用童子三进气以消之；一云宜童子或少妇揉之。盖男子外阳而内阴，借其阴以制其盛，亦是元机，至于无病。

人行此功者，则从其便，若用童男童女相间行功，令阴阳和畅，更属妙理。

【解析】

天与地就是一个大的阴阳组合体，只有天地交泰，四时调和，风调雨顺时，自然界的万物方能生长茂盛。应之于人，人身则是一小阴阳，阴阳平衡时人体自然就没有任何疾病，这就是阴阳相互协调的妙用。因为人是由阴阳不同的交变组合形成不同的个体，阴阳虽是不断地变化着，人却可以调节把握它。阴平阳秘时，体内气血畅通充盈，相交相融，人

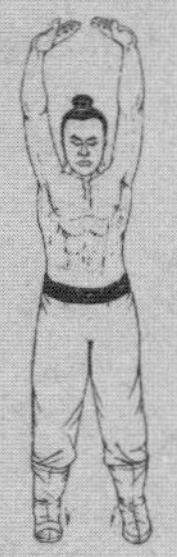

体就会自然无疾病，没有疾病时，身体自然坚壮，这种道理不用多做解释就会明白的。

关于功夫（易筋经）的修炼这个问题，也就是按照阴阳互动的道理，借助天地日月自然的气而调节身体，使之阴阳平衡而身体健壮的。

没得到对方的同意而强行拿取他人的东西叫盗；而古谱中的“盗”字，不是贬义，而是含有通过常人忽略的秘密功夫而修炼取得的意思。不过，练功者所盗的，非金银财宝，也非江山社稷，而是汲取天地日月之精华，补充和强健人体。

行揉功时，一旦出现阳气衰弱时，人体就会出现一些瘘弱、虚惫的症状。这时最好是以童女或者少女辅助揉摩，这是因为女子外阴而内阳，就人体本身而言就有阴有阳，只是所含层次不同而已，童女乃纯阴之体，以其双掌之阴柔揉之，可以取其阴极而阳的阳气助其体之阳衰，这也是易筋经行揉功的至理妙诀。

如果是阳盛阴衰的人，多会出现一些上火的症状，这时就得选择童男或者少妇帮助揉摩，这是因为，男性属外阳而内阴，借其内阴以制其阳盛。这样的行功，可使元气壮旺，而且可以使练功过程中不会有任何的偏差和疾病产生。

如果在条件允许的情况下，有童男、童女交替帮助其揉摩行功，会更加令其阴阳和畅，效果将会更加理想，比之独自揉摩，或单一的童子帮助更有事半功倍之效。

但最后还要再次提醒读者，此乃古传功夫，其形成有着特定的传统环境，我们现代人练功应取其精华，去其糟粕，与时俱进。所以此文中的阴阳配合法，我们只宜明白功理，自己练习，自己下手，或找自己人帮助；千万不能生搬硬套，刻意去找什么童男童女，或男女配合，因此误入旁门左道，到时咎由自取，莫怪编著者言之不预！切记！切记！

第九节 行功禁忌

（一）

【古谱】

此功以积气为主，而精神随之，故勿多近内。初百日内，全宜禁之！

百日功毕，然后可进内。以后慎加保护，作壮之本，万勿浪用，珍之珍之！

若功成气坚，收放在我，顺施则人，逆施则神，非凡宝可论价值也。

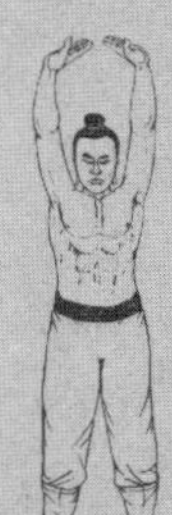

气功通达全身，如能信之坚行之，久可却一切疾病。虽沉疴亦能立起，不仅实中已也。

【解析】

此功是以积气为主，精神也随气而积聚。精与神不能积聚，气也难积。其间要节制房事。初功的一百天，要杜绝房事。

一百天过后可以房事。但要谨慎保守，不得放任。此精是化气之药，内壮之本，失而不复得，绝对不要浪费！

如果大功告成了，气实精满：进内释放，不必介意，无损健康，此乃夫妇之道，因此男欢女爱，谓之“放”；如不进内，可用之练功，还精补脑，此乃修行之道，因此体如金刚，谓之“收”。可见，精气是无价之宝！

气的功力可以通达全身，无处不到，如果能坚定信心，又能坚持练内功，不但可强身，还能防治一切疾病。这不仅能使内脏坚实，就是重病也能痊愈。

（二）

【古谱】

行功地点，最宜清静，万不可受惊。受惊，则气必壅滞，结成包块，遗患甚大。

若得二人同时练习最为合宜，既可彼此激励，互相交练，又能镇定心胆，预防惊扰。

【解析】

要练好内功，首先要选择练功地点。最要紧的是环境要清洁，没有秽气，空气新鲜干净，没有杂音，非常清静，因为内功练气受不得惊恐。倘若正在练习内功时受到惊吓，《内经》曰“惊则气散”，气散了血不归经，气不聚，那气就会阻滞不流，结成包块，这样所遗留的后患是很大的。

若是有二人在一起练习内功最好，既可以彼此激励，互相帮助，又能镇定情绪，预防惊扰。

（三）

【古谱】

行功之时，不可过饱，亦不可过饥。饱则气咽不下，饥则气行无根，

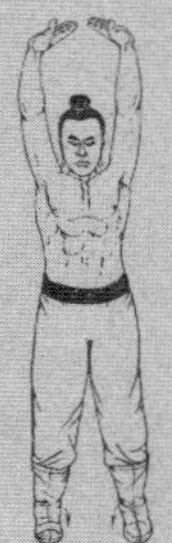

总以饥饱适宜为善。

酒后不可行功，恐血气沸热，致有他虞。

【解析】

练习内功，不可在吃饱时，也不可在饥饿时，要在不饱不饿，饥饱适宜的时候为好。吃得过饱练功，气就咽不下去；饥饿时练功，气就没有根基。

喝了酒也不可以练内功，因为酒性辛热，喝酒后练内功，会影响气血，气血如沸腾般地热了，会造成其他疾病。

（四）

【古谱】

信行此功之同道，如于功中有不明了或疑惑之处，务向高功者询问，倘妄行揣测，以意为之，必受大害，慎之！慎之！

【解析】

凡是相信和练习这个内功的同道，如果对于功夫中有不明了或疑惑的地方，务必去向擅长内功的高手请教；倘若妄行或揣测而随意练习，必会有很大的害处，请谨慎再谨慎！

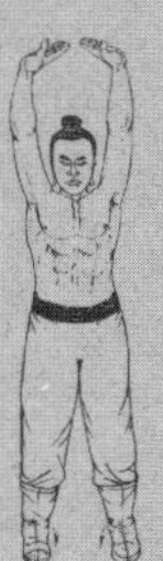

第二章　武穆易筋经十二势

第一节 韦驮献杵第一势

【秘诀】

定心息气，身体立定。两手如拱，心存静极。

【练法】

（1）正身站立，两脚并拢，两掌自然垂于体侧，下颌微收，百会穴与会阴穴在一垂直线上；全身放松，呼吸自然，二目平视前方。（图 2-1）

（2）左脚向左侧开半步，两脚平行，两脚间距约与肩同宽，成正身开立势；两掌依然垂于体侧。（图 2-2）

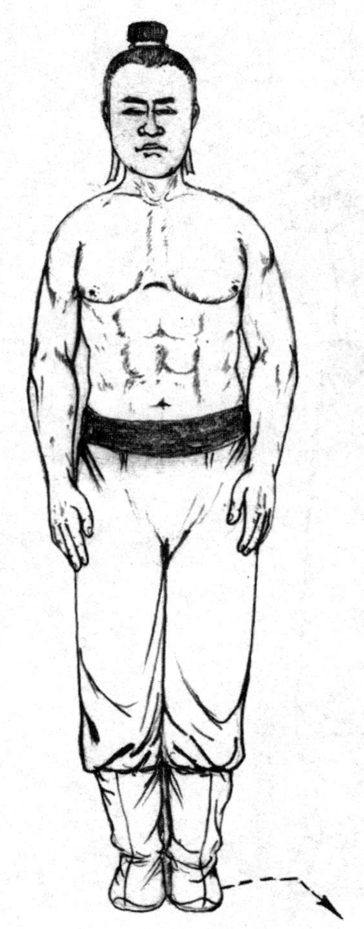

图 2-1

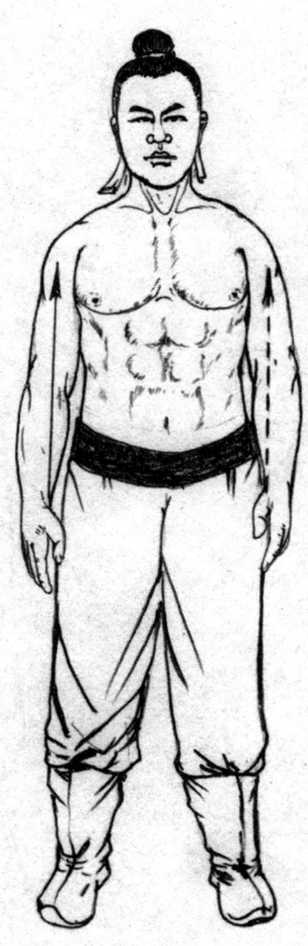

图 2-2

（3）两臂由体侧向前缓缓抬起，至与肩平时，掌心相对，掌尖向前，虎口向上。（图 2–3）

（4）两臂缓缓屈肘内收，两掌合十于胸前，掌尖向斜前上方（约 30 度），掌根与胸前膻中穴平，目视前下方。（图 2–4）

【要点】

（1）首先要头领、身松。

头领，即用头领周身。站桩时，意念不用身体各部位的支撑力支撑周身，而是用头之领劲把全身领起。领劲要达脚跟，整个身体仿佛吊起来一样。

身松，即身体要放松，自然下坠，不用支撑力。只有放松得好，头领

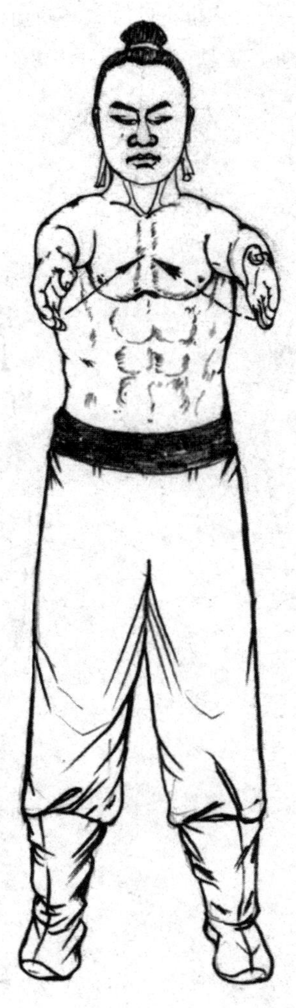

图 2–3

之劲才能到达足跟。

头领时膈肌最容易紧张，放松心口窝使膈肌放松，周身也容易放松，重心自然下降。

总之，头领使精神提起，身体重心下坠，而这一上一下的对立统一，使经筋处于激发状态，加强经脉通导性。

（2）整个手臂运动应该是以肩带臂。

当两臂自体侧向前抬至平肩时，两肩胛骨先向中间脊柱处内收，然后再随腰同时下沉，此时两肩关节便出现向后下方向的运动。

当两肩的肩胛骨向后下方运动时，两手拇指便顺势微微立起，带动两臂缓缓向上抬起，从而完成两臂向前平举、掌心相对的动作。

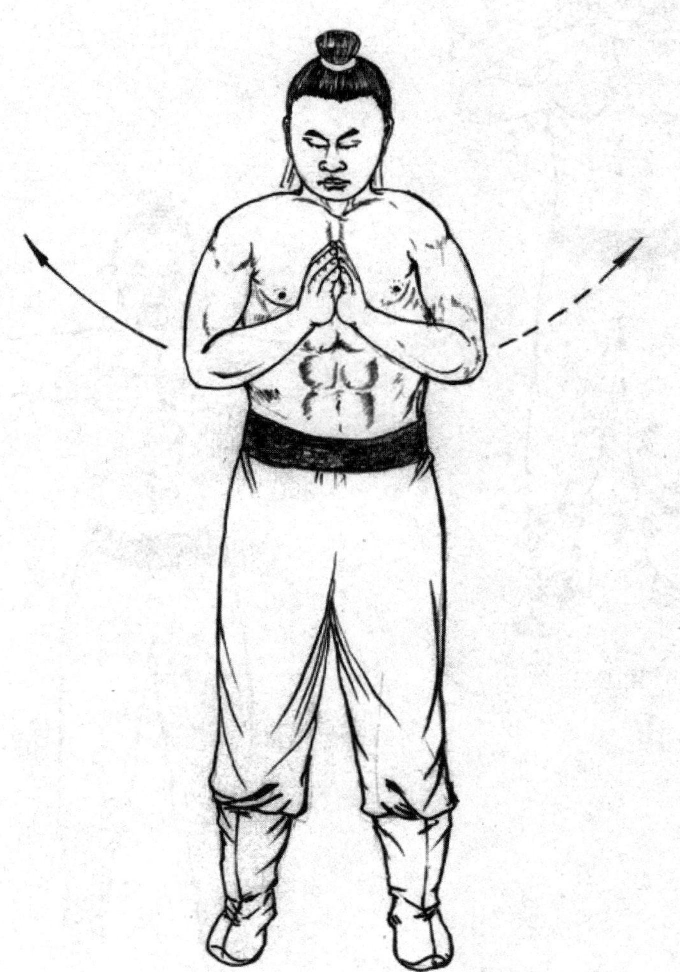

图 2-4

第二节 韦驮献杵第二势

【练法】

（1）两脚掌踏实，两膝微松；两肘缓缓向上抬起，两掌根缓缓分开。（图 2-5）

（2）两肘臂抬至与肩平，两掌伸平，掌尖相对，掌心向下。（图 2-6）

图 2-5

图 2-6

（3）两掌尖向前，掌心向下，直臂向前伸展，至臂直。两掌、臂与肩同宽时，则向左右分开至侧平举，掌心向下，掌尖向外。（图 2–7）

（4）两臂平展不变，十指自然并拢，坐腕立掌，掌尖向上，掌心向外，目视前下方。（图 2–8）

【要点】

（1）吸气时胸部扩张，臂向后挺。呼气时，掌尖内翘，掌根外撑。

（2）要注意不能简单地把该势动作视为两掌用力外撑，同时还要十趾抓地，两肩用力，使两肩关节主动地用力外伸。而肩关节外伸的关键是两肩胛骨的主动外展，由此将下肢十趾抓地之力贯穿于两掌掌根，唯有如此，整个上肢的各关节才能得到充分伸展，达到抻筋拔骨的效果。

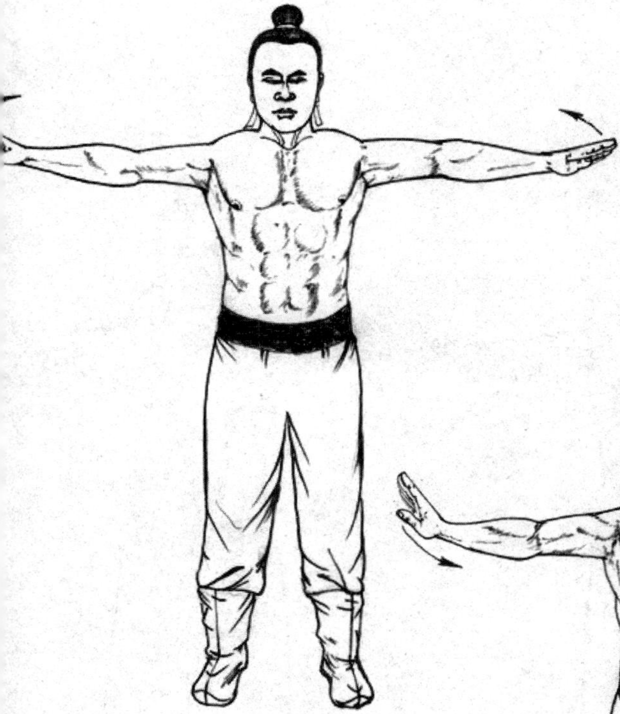

图 2–7

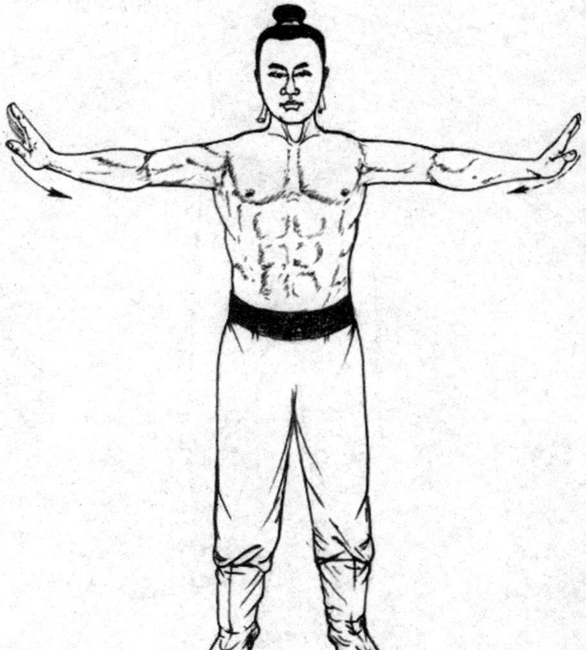

图 2–8

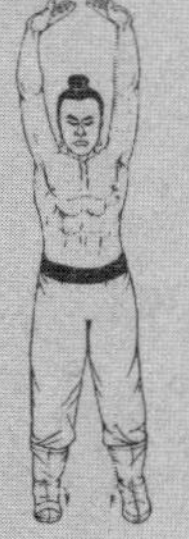

第三节 韦驮献杵第三势

【练法】

（1）松腕，将两掌放平，掌心向下，掌尖向外。（图 2–9）

（2）两臂向前平举，再弧形内收至胸前平屈，掌心向下，掌尖相对，掌与胸相距约一拳，目视前下方。（图 2–10）

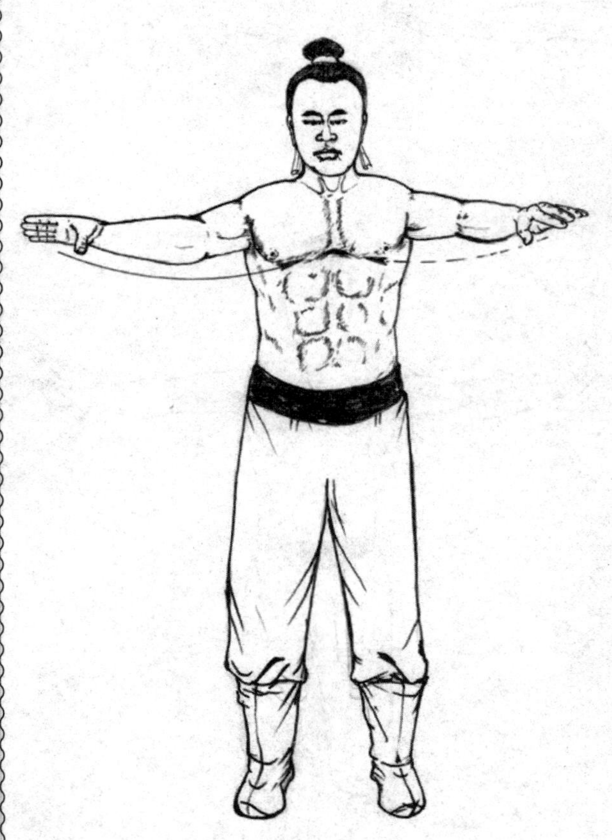

图 2–9

图 2–10

（3）两掌同时内旋，至颈侧翻掌至耳侧，掌心向上，掌尖向后，虎口向里，两肘外展，约与肩平。（图 2–11）

（4）身体重心前移，两脚前掌撑地，脚跟提悬；同时，两掌上托至头顶，掌心向上，掌尖向后，展肩伸肘；微收下颌，舌抵上腭，咬紧牙关。（图 2–12、图 2–13）

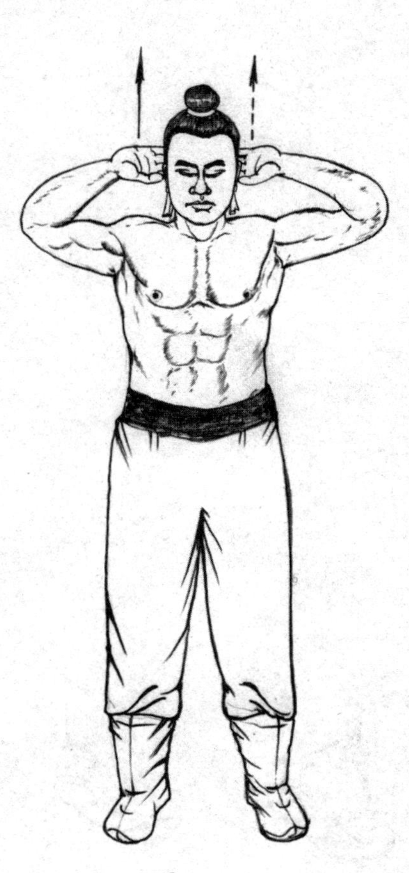

图 2–11

图 2–12

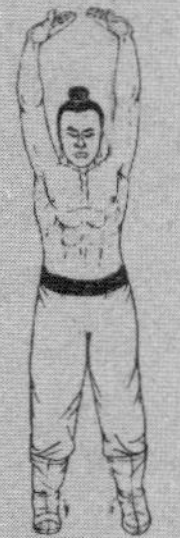

【要点】

（1）要求微收下颌，其目的是为了使颈部中正，避免出现抬头、仰头动作所导致的颈椎弯曲。

由于颈椎弯曲会影响任、督二脉的畅通，进而影响脊柱正常活动，所以，在两掌上托至头顶时，为了保证头、颈部位的中正，下颌要做到微微内收，不宜出现前伸或上抬动作。

（2）两掌上托时，两脚前掌撑地，力达四肢，下沉上托，脊柱竖直，同时身体重心稍前移。

（3）两掌上托时，强调的是意注两掌，而不是目视两掌。

“目上观”是意想通过“天门”（即囟门，婴儿头顶骨未合缝的地方，在头顶的前部中央，也叫囟脑门儿）贯注两掌，目视前下方，自然呼吸。

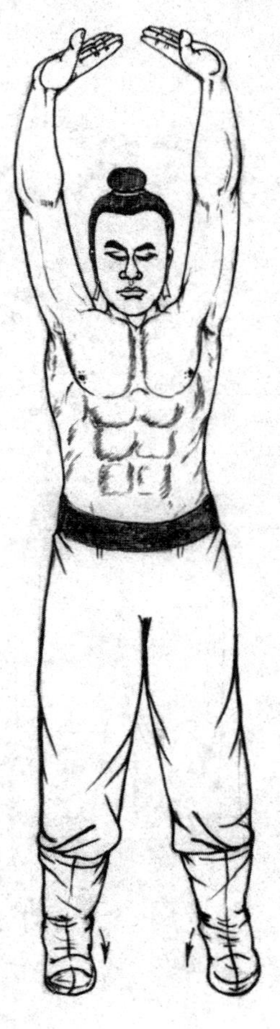

图 2-13

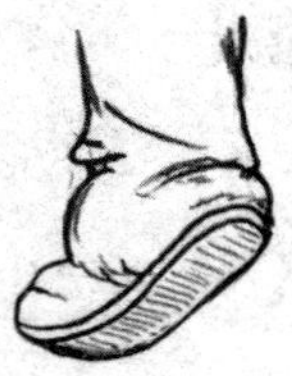

图 2-13 附

第四节 摘星换斗势

【秘诀】

单手高举，掌须下覆。目注两掌，吸气不呼。鼻息调匀，用力收回。

【练法】

（1）两脚跟缓缓落地；同时，两掌屈指握拳，拳心向外，拳眼向前，目视前下方。（图 2-14、图 2-15）

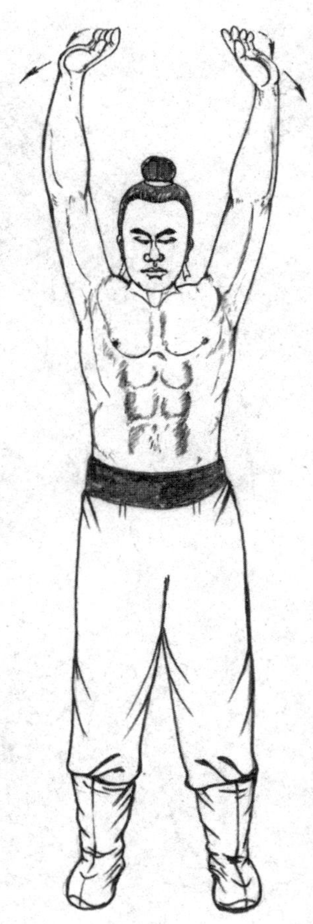

图 2-14

图 2-15

（2）两臂缓缓下落，成侧平举时，两拳缓缓伸开十指变掌，掌心斜向下，掌尖向外；上体微向左转，全身放松，目视前下方。（图 2–16）

（3）两膝微微下屈；同时，右臂上举，右掌经体前下摆至左髋关节外侧，右掌五指自然张开，掌尖向下，掌心向左后；左臂经体侧下摆至体后，左掌背轻贴命门（后腰部脊柱中间，即肚脐的对面），掌尖斜向下，目视右掌。（图 2–17）

图 2–16

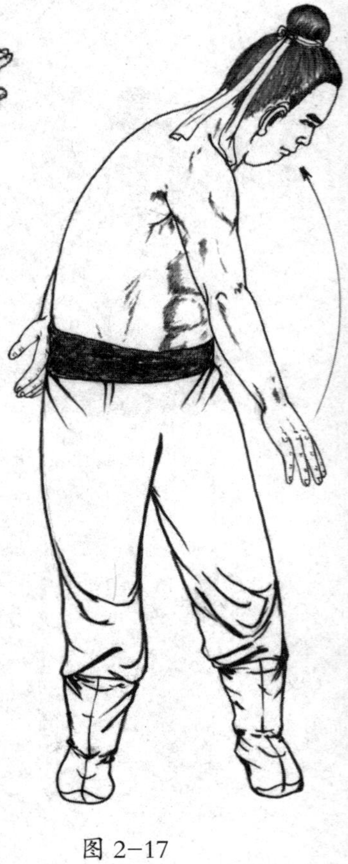

图 2–17

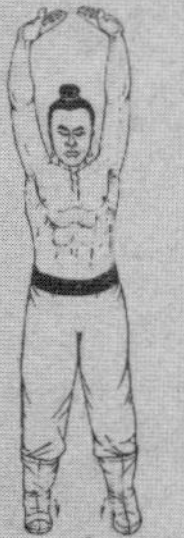

（4）两膝缓缓直立，身体转正；同时，右掌自左体侧上提，经前向额上摆至头顶右上方，松腕，肘微屈，掌心向下，掌尖向左，中指尖垂直于肩髃穴；左掌背轻贴命门。右臂上摆时眼随手走，定势后目视掌心。（图 2-18、图 2-19）

肩髃穴，在臂上端，位于肩胛骨峰与肱骨大结节之间的凹陷处。

（5）静立片刻，然后，两臂向体侧自然伸展，与肩大致相平，掌心向下，目视右下方。（图 2-20、图 2-21）

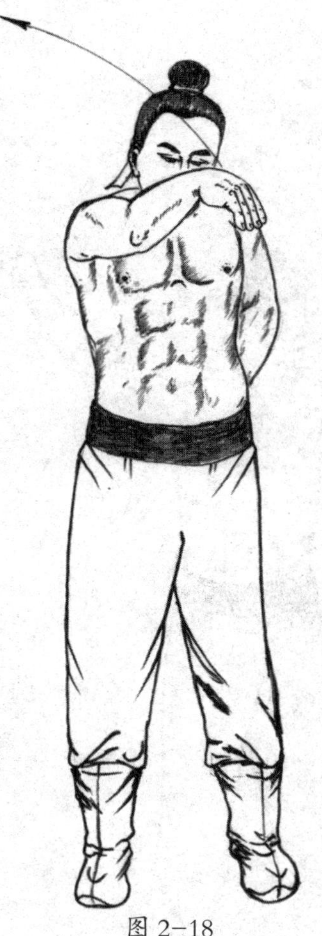
图 2-18

图 2-19

图 2-20

图 2-21

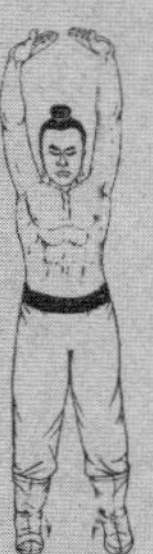

（6）接着做右摘星换斗势，与左势动作相同，方向相反。（图 2-22 ~图 2-27）

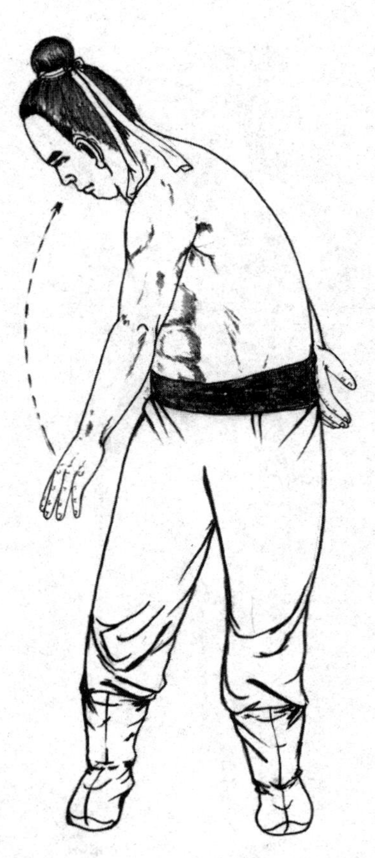
图 2-22

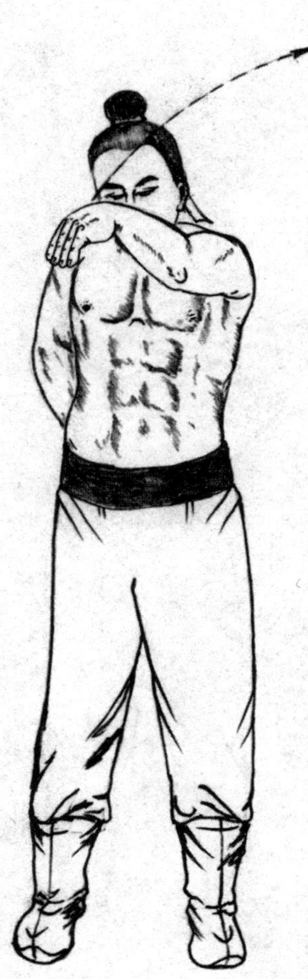
图 2-23

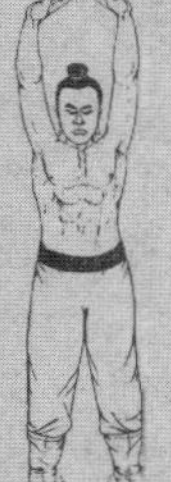

【要点】

（1）转身以腰带肩，以肩带臂。

（2）目上视掌心时，注意松腰、收腹，左右臂动作要协调，自然放松，上体左右旋转，两腿直立不动，臂后屈掌宜拄腰肾，其掌背贴附之力，须与上举之臂相应，自然呼吸。

（3）此势中的“目视掌心、意注命门”似乎是要练习者一心两用，然而并非如此。在动作中，两眼注视掌心时只要做到视而不见、看而无心即可。而在意注命门处时，不要出现心散意乱，或强烈地意守该处，而是要轻轻用意，似有似无。

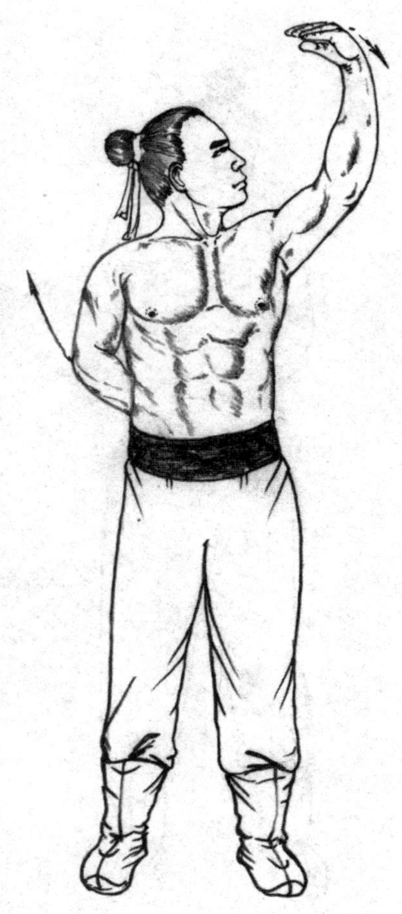

图 2–24

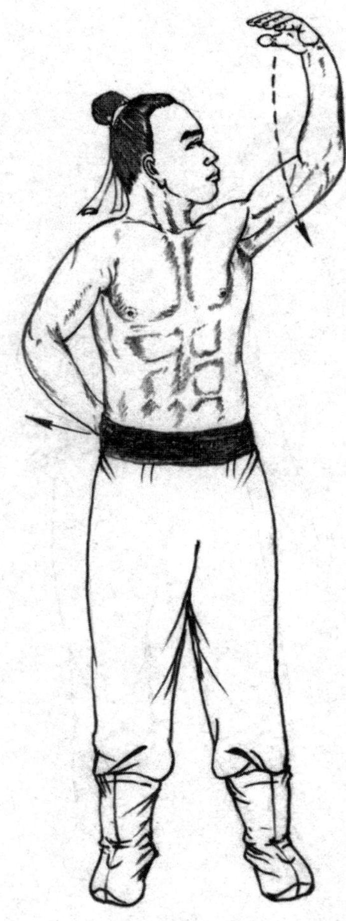

图 2–25

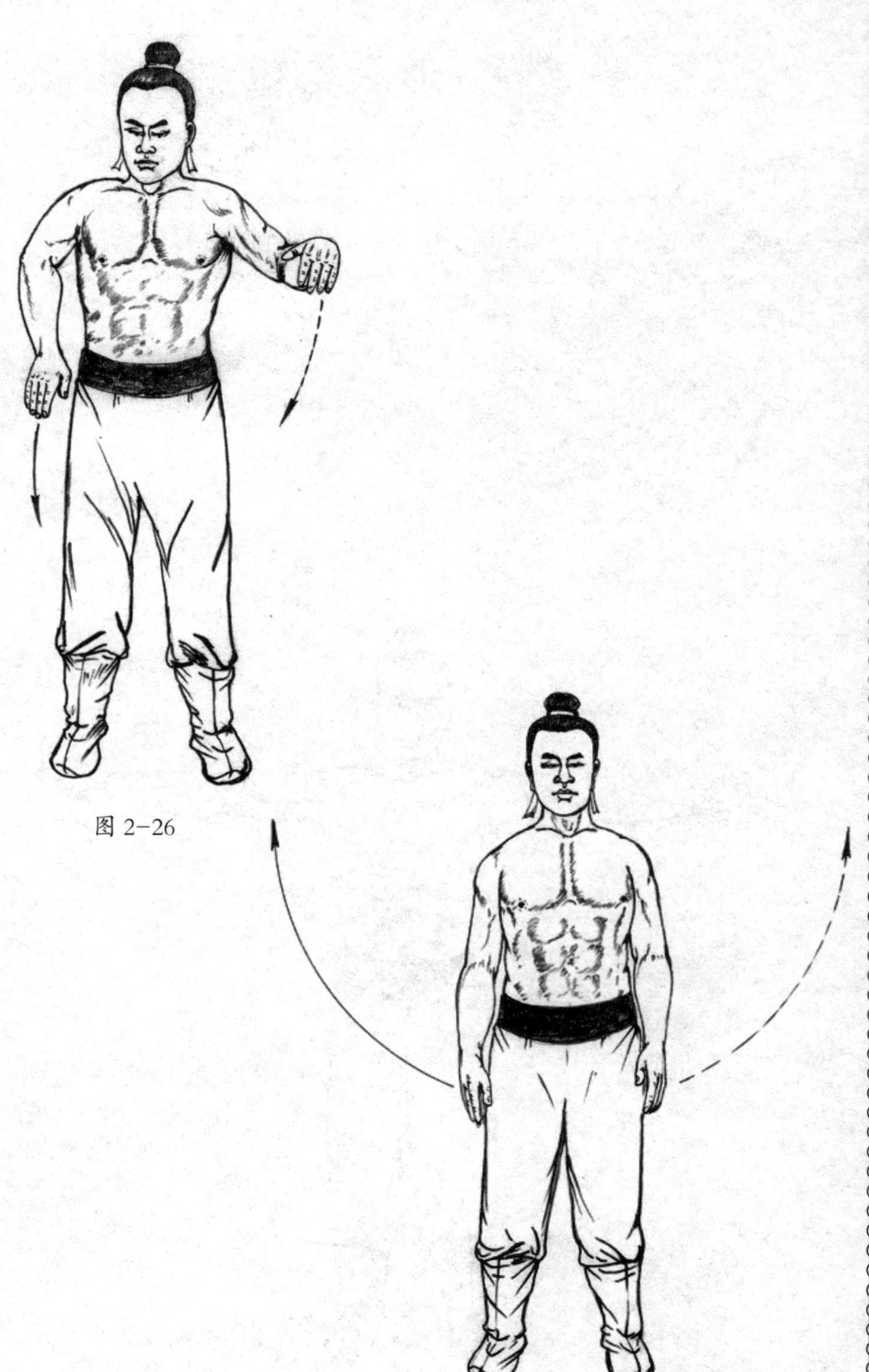

图 2-26

图 2-27

第五节 出爪亮翅势

【秘诀】

掌向上分，脚趾拄地。两胁用力，并腿立直。鼻息调匀，目观天门。牙咬，舌抵上腭；十指用力，腿直；两拳收回，如挟物然。

【练法】

（1）两臂左右分开，成侧平举，两掌心向前，掌尖向外，目平视前方。（图 2–28）

图 2–28

（2）两掌向前环抱至体前，随之两臂内收，两掌（五指并拢成柳叶掌）立于云门穴前，掌心相对，掌尖向上，目视前下方。（图 2-29、图 2-30）

云门穴在锁骨之下，肩胛骨喙突上方的凹陷处。

图 2-29

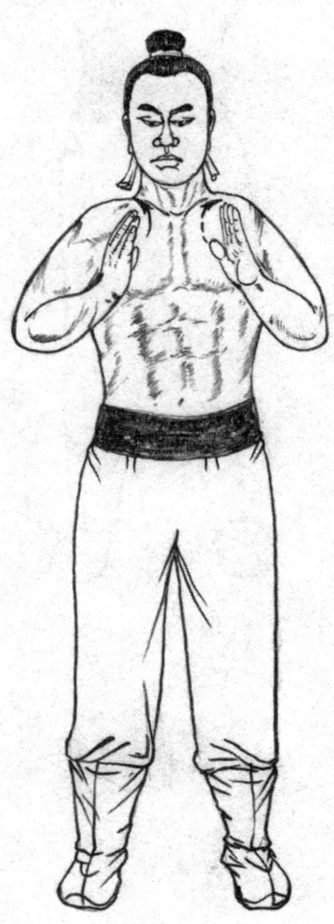

图 2-30

（3）展肩扩胸，然后松肩，两肘下垂，使两掌心向前。（图 2–31）

（4）两臂缓缓前伸，十指逐渐微张（即荷叶掌），掌尖向上，至两臂伸直，瞪目。（图 2–32）

（5）松腕，屈肘，收臂，立掌于云门穴前，目视前下方。（图 2–33 ~ 图 2–35）

（6）重复练习上述动作 7 遍。

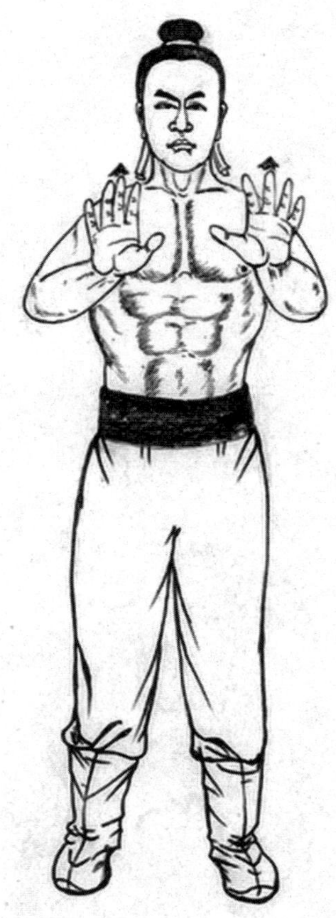

图 2–31

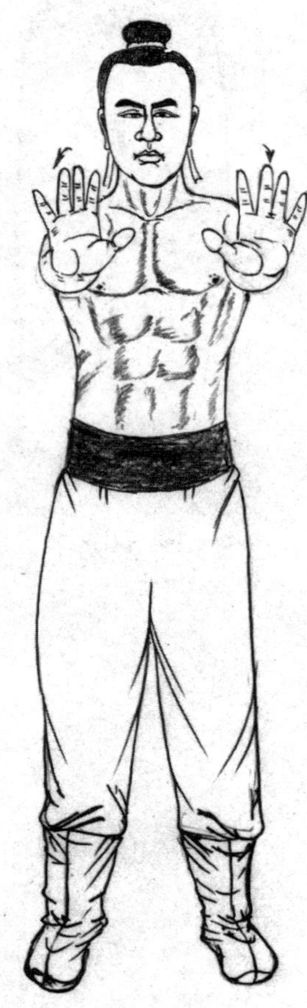

图 2–32

【要点】

（1）出掌时身体正直，瞪眼怒目，同时，两掌运用内劲前伸，先轻如推窗，后重如排山；收掌时如海水还潮。

（2）收掌时自然吸气，推掌时自然呼气。

（3）立掌于云门穴，云门穴位于人体锁骨之下，肩胛骨喙突上方的凹陷处，是手太阴肺经上的穴位。

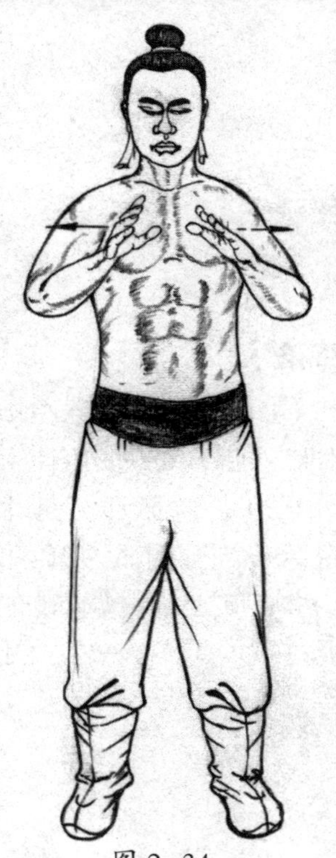

图 2-34

图 2-33

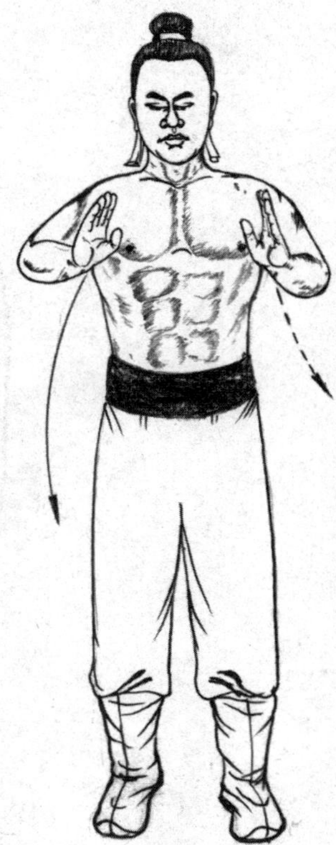

图 2-35

第六节 倒拽九牛尾势

【秘诀】

小腹运气空松，前跪，后腿伸直。二目观拳，两膀用力。

【练法】

（1）左掌下落至左腰外侧，掌心向下，掌尖向外；同时，右掌下落至右膝外侧，掌尖向下，虎口向前；目视右前下方。（图 2–36）

（2）双膝微屈，身体重心右移，左脚向左后方撤步；右脚跟内转，成右弓步。同时，左掌内旋，向前、向下画弧后伸，高与腰平，掌尖向后，掌心向上；右掌向前上方画弧，伸至与肩平，掌尖向前，掌心向上。目视右掌。（图 2–37、图 2–38）

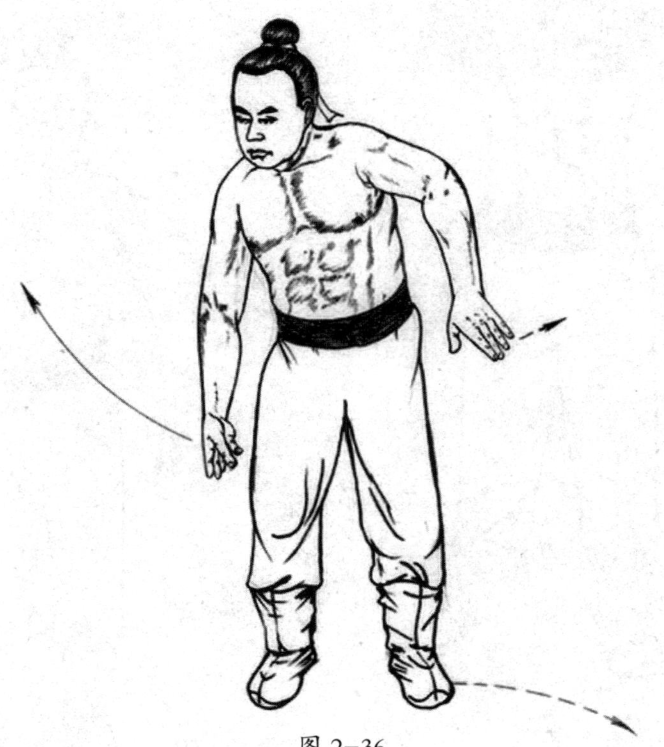

图 2–36

图 2-37

图 2-38

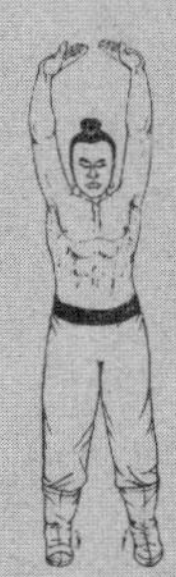

（3）两掌同时由小指到拇指逐个屈于掌心中相握成拳，拳心向上，目视右拳。（图 2-39、图 2-40）

图 2-39

图 2-40

（4）身体重心后移，左膝微屈；腰稍右转，以腰带肩，以肩带臂，右臂外旋，左臂内旋，屈肘内收。目视右拳。（图 2–41）

（5）身体重心前移，屈膝成右弓步；腰稍左转，以腰带肩，以肩带臂，两臂放松，前后伸展。目视右拳。（图 2–42）

图 2–41

图 2–42

（6）重复练习上述动作3遍。（图2−43～图2−48）

图 2−43

图 2−44

图 2-45

图 2-46

图 2-47

图 2-48

（7）身体重心前移至右脚，左脚收回，右脚尖转正；右掌下落至右腰外侧，掌心向下，掌尖向外；同时，左掌下落至左膝外侧，掌尖向下，虎口向前，目视左前下方。（图 2-49、图 2-50）

图 2-49

图 2-50

（8）接着，做左倒拽九牛尾势，与右势动作、次数相同，方向相反。（图 2-51 ～图 2-60）

【要点】

（1）倒拽九牛尾中两臂用力的拽拉，不是两拳或两臂的简单用力，它与腰腹运动有着不可分割的关系。

图 2-51

图 2-52

图 2-53

图 2-54

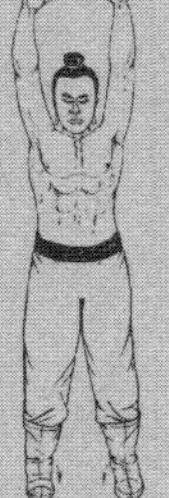

（2）两臂的拽拉是在两腿成弓步势后用力，用力的前提是要使身体充分伸展、放松。

（3）用力顺序是：腰腹要先用力旋转，下肢弓步腿屈，箭步腿绷，身体重心后移。

同时，以腰带肩，以臂带拳，逐步用力。用力时两臂就如拽拉着牛尾一般，此时腰腹因用力而收腹较紧，同时重心稍沉。

当身体转向正弓步方向时，既是动作的止点，是用力相对最大的时刻，也是用力后动作开始放松的转折点。

（4）放松顺序是：当两臂用力拽拉至身体转向正弓步方向时，身体便开始放松。

身体的放松与身体的用力一样，也是要从腰至拳逐个部位放松。身体重心后移要随用力的放松还原成弓步，人体的上半身犹如挑担姿势一般。

图 2–55

图 2–56

图 2-57

图 2-58

图 2-59

图 2-60

第七节 九鬼拔马刀势

【秘诀】

单膀用力，夹抱颈项。自头收回，鼻息调匀。两膝直立，左右同之。

【练法】

（1）左脚内收一步，两足间距约与肩同宽，两拳成掌收立于腋前，上体缓缓右转；同时，右掌外旋，掌心向上；左掌内旋，掌心向下，两掌心相对。（图 2–61）

（2）右掌由胸前内收，经右腋下后伸，掌心向外；同时，左掌由胸前伸至前上方，掌心向外，目视右下方。（图 2–62）

图 2–61　　图 2–62

（3）上体稍左转；同时，左掌向左展，右掌向前展，至两掌臂约与肩平，掌尖向外，目视左前下方。（图 2-63、图 2-64）

（4）右掌经体侧向前上摆至头前上方后屈肘，由后向左绕头半周，掌心按住玉枕穴，四指尖掩住左耳轮；左掌经体左侧下摆至左后，屈肘，掌背贴于脊柱，掌心向后，掌尖向上。然后头右转，右掌中指按压耳郭，掌心扶按玉枕，目随右掌动，定势后目视右方。（图 2-65、图 2-66）

玉枕穴，在头后部，当脑户穴（枕外隆凸上缘）的外侧 1 寸 5 分处。

（5）上体缓缓左转，至面向左侧时，两腿微微屈膝；同时，右臂内收，含胸；左掌沿脊柱尽量上推，低头，两眼从左后侧注视右脚跟，动作停住。（图 2-67、图 2-68）

（6）重复练习上述动作 3 遍。

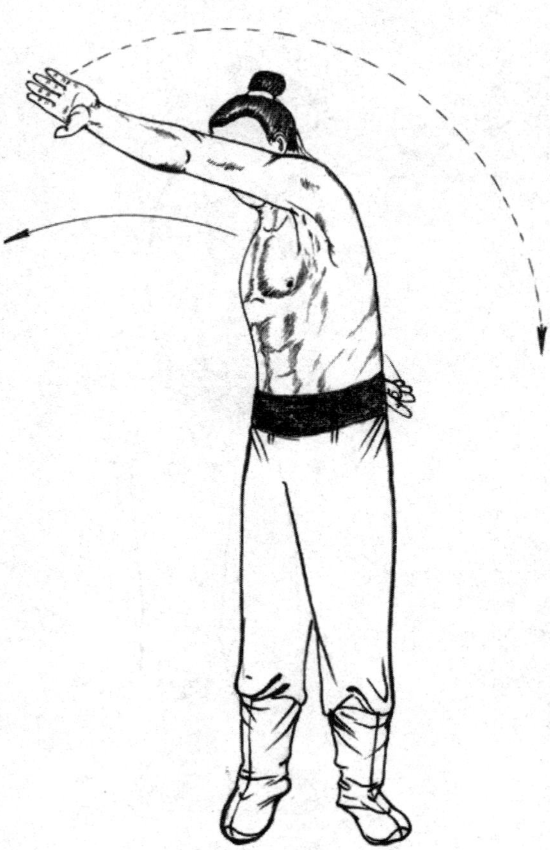

图 2-63

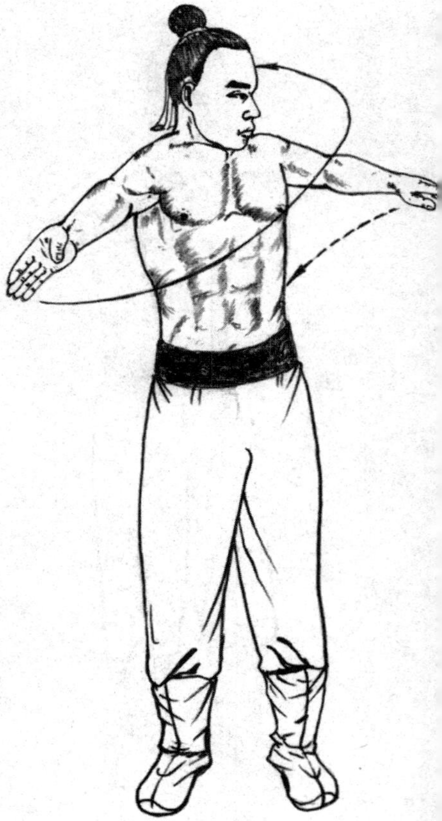

图 2-64

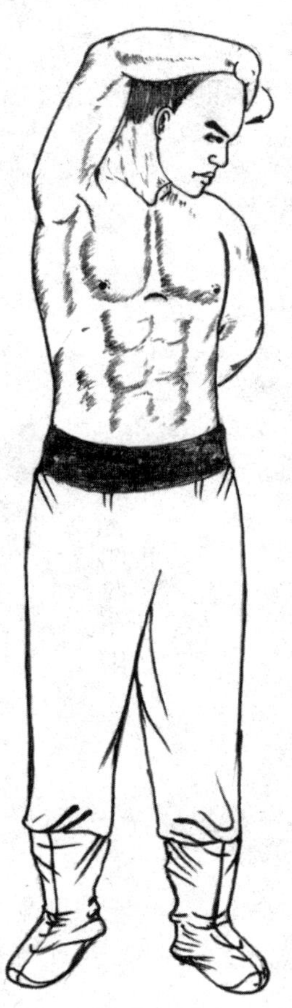
图 2-65

图 2-66

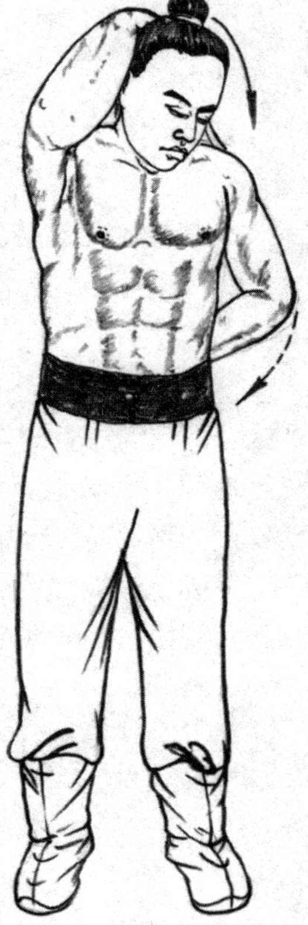
图 2-67

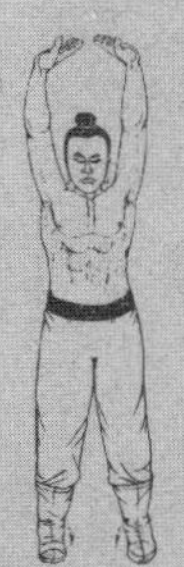

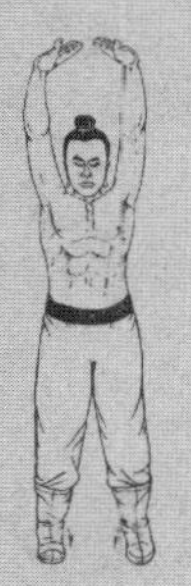

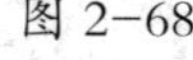

图 2-68

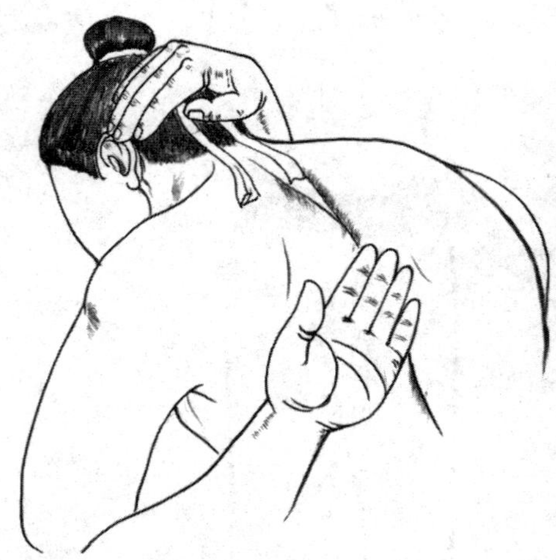

图 2-68 附

（7）两膝缓缓伸直，身体向前转正；同时，右掌向上经头顶上方向下至侧平举；左掌经体侧向上至侧平举，两掌心向下，掌尖向外，目视右前下方。（图 2-69 ～图 2-71）

（8）接着，做九鬼拔马刀左势，与右势动作、次数相同，方向相反。（图 2-72 ～图 2-78）

【要点】

（1）两臂动作，一臂屈肘，置于后背，掌背尽可能地向上贴于脊柱；另一手臂置于肩上并用手指按压耳郭，掌心扶按玉枕穴。

（2）在做扩展胸廓动作时，要求后背两肩胛骨充分内收，使两肘如同鸟的翅膀一样充分展开；扶按玉枕穴的手臂向后展开时，肘尖还需向上用力领劲。两臂需适当用力，并在停顿的片刻中，增强对肌肉的刺激，注意不能使僵劲。

（3）在两膝微屈时，还要将展开的两臂放松，随后含胸收腹，上体侧转。

此外，背后两肩胛骨充分外展，两臂则如鸟的翅膀一样向内合扣，下面的手臂沿脊柱尽量上推。

图 2-69

图 2-70

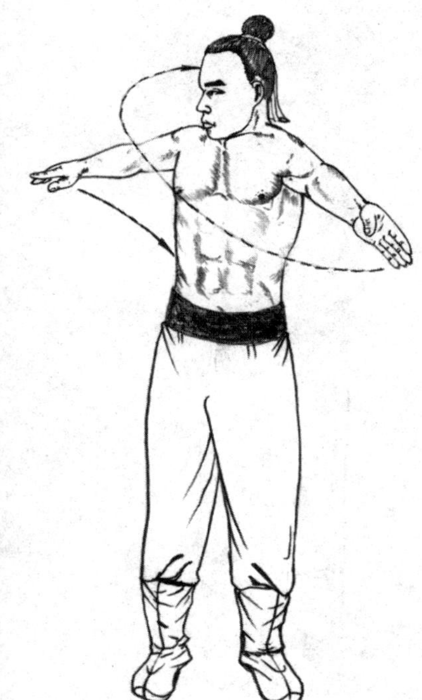
图 2-71

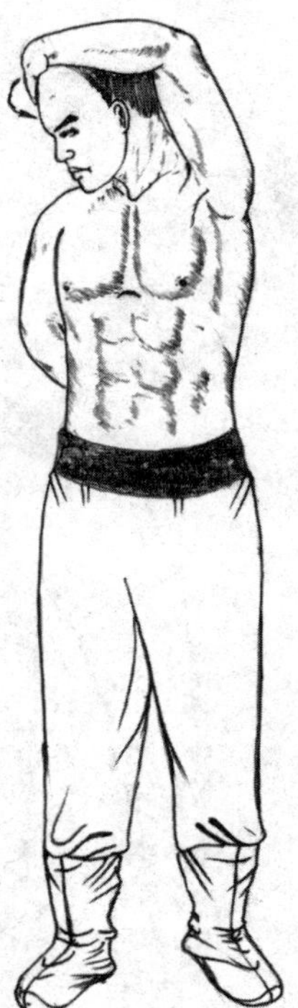
图 2-72

图 2-73

图 2-74

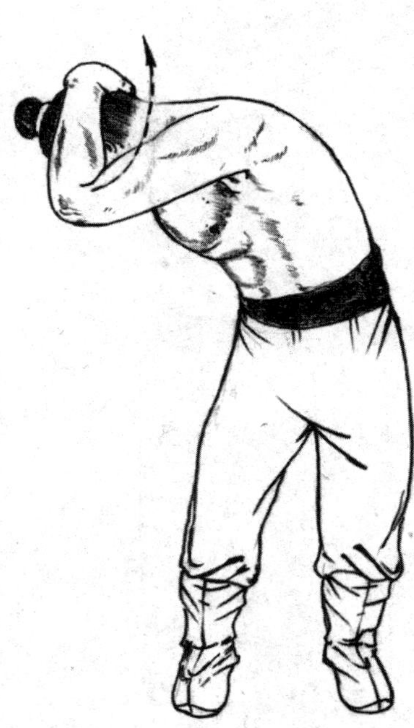

图 2-75

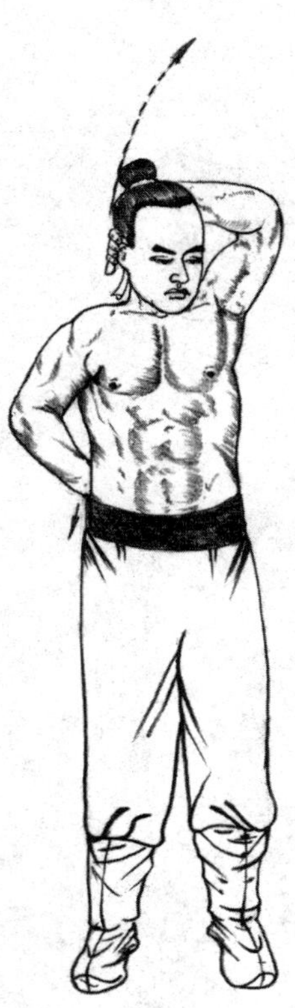

图 2-76

图 2–77

图 2–78

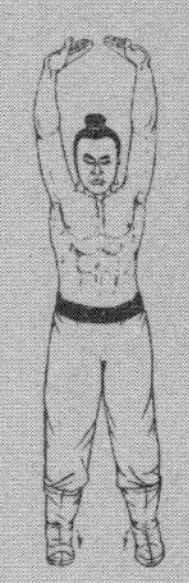

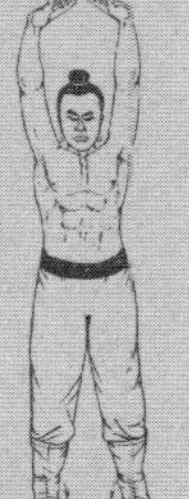

第八节 三盘落地势

【秘诀】

目注牙齿，舌抵上腭。睛瞪口裂，两腿分跪。用力抓地，反掌托起。如托千斤，两腿收直。

【练法】

（1）重心落于右腿，左脚向左侧开步，两脚距离约宽于肩，正身开步直立；两臂平展，掌心向下，掌尖向外，目视前下方。（图 2−79）

图 2−79

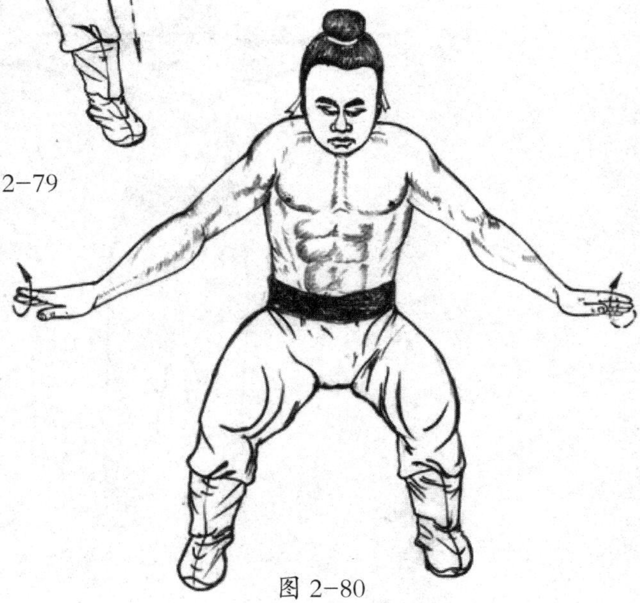

图 2−80

（2）屈膝下蹲；同时，沉肩、坠肘，两掌逐渐用力，随屈膝下按至约与环跳穴同高，两肘微屈，掌心向下，掌尖向外，目视前下方。口吐“嗨”音，音吐尽时，舌尖向前轻抵上下牙之间，终止吐音。（图 2-80）

环跳穴，在大腿外侧面的上部，股骨大转子与髋裂孔连线的外三分之一与内三分之一交接处。

（3）两掌翻转，掌心向上，肘微屈，上托至侧平举；同时，两膝缓缓挺直，成正身开步直立，目视前方。（图 2-81、图 2-82）

图 2-81

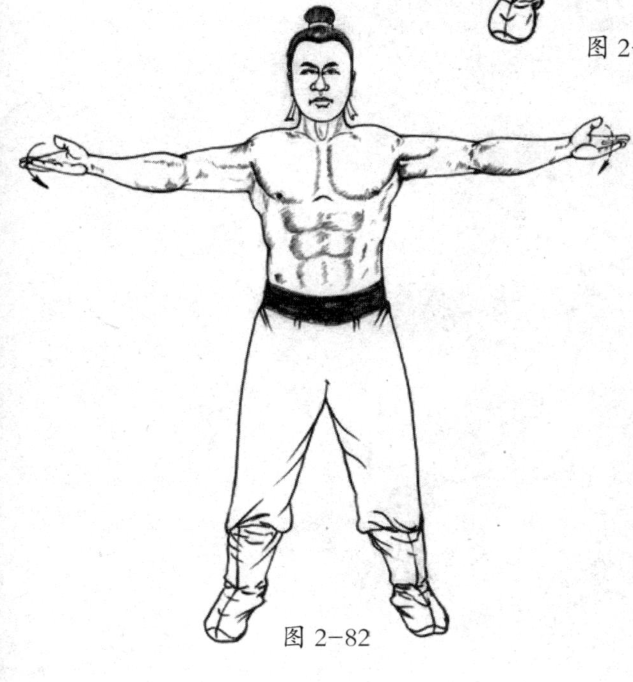

图 2-82

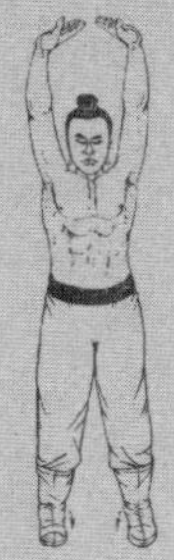

重复练习上述动作 3 遍。

（4）第二遍半蹲。（图 2-83 ~图 2-86）

（5）第三遍全蹲。（图 2-87 ~图 2-90）

（6）然后，左脚收回半步，成开步正身直立势；两掌心向上，掌尖向外，目视前下方。（图 2-91）

图 2-83

图 2-84

图 2-85

图 2-86

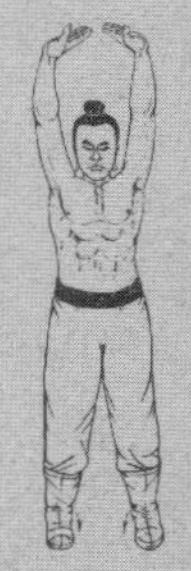

图 2-87

图 2-88

图 2-89

图 2-90

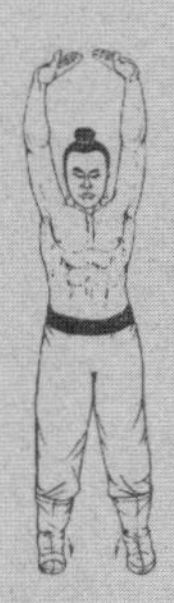

【要点】

（1）由于此势要求练习者在下蹲时用力，达到“手按猛如拿”的效果，会使其内气逆升，气的逆升又易使血上逆，这对于练习者，特别是中老年人是非常不益的。

这时，如果口吐“嗨”音，可使人体的内气下沉于丹田，从而缓冲气血的上逆，调节气血升降平衡。

同时，口吐“嗨”音，还可使体内真气在胸腹间相应升降，达到心肾相交、水火既济的作用。

（2）在吐“嗨”音时，要注意不发声，即要求有音无声，并且口微张，上唇微微用力压着龈交穴（上唇系带与上齿龈的相接处），下唇松开，不能用力内收压着承浆穴（颏唇沟的正中凹陷处），音尽量从喉部发出。音吐尽时，舌尖向前轻抵上下齿之间。

（3）瞪眼闭口，舌抵上腭，身体中正安舒。

图 2-91

第九节　青龙探爪势

【秘诀】

肩背用力，平掌探出。至地围收，两目注平。

【练法】

（1）开步正身直立，两掌先屈拇指于掌心。（图 2–92）

（2）接着，从小指依次屈指握住拇指即成握固。（图 2–93、图 2–94）

图 2–92

图 2-93

图 2-94

（3）握固手形示意图。（图 2–95 ～图 2–98）

（4）两臂屈肘内收至腰间，继续向后收肘，使拳轮贴于腹侧部，拳心向上，目视前下方。（图 2–99、图 2–100）

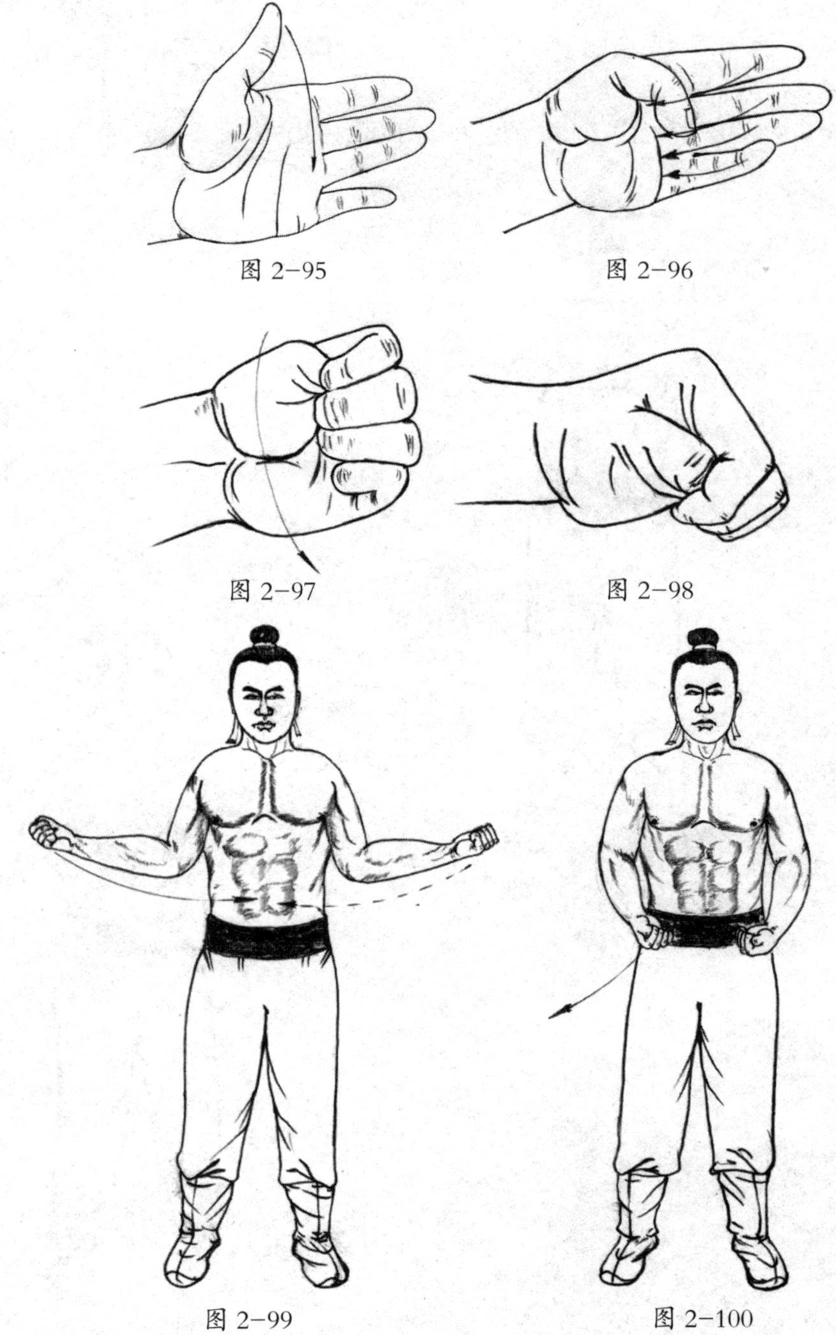

图 2–95　图 2–96

图 2–97　图 2–98

图 2–99　图 2–100

（5）右拳变掌，右臂伸直，掌尖向下，目视右侧下方。（图2-101）

（6）右掌经下向右侧外展，至与肩平，掌心向上，目视右掌。（图2-102）

（7）右臂屈肘、屈腕，右掌变龙爪，指尖向左、经口前向身体左侧水平伸出。目随手动，躯干随之向左转约 90 度，目视右掌指所指方向。（图 2-103、图 2-104）

（8）龙爪手形的正、侧面示意图。（图 2-105、图 2-106）

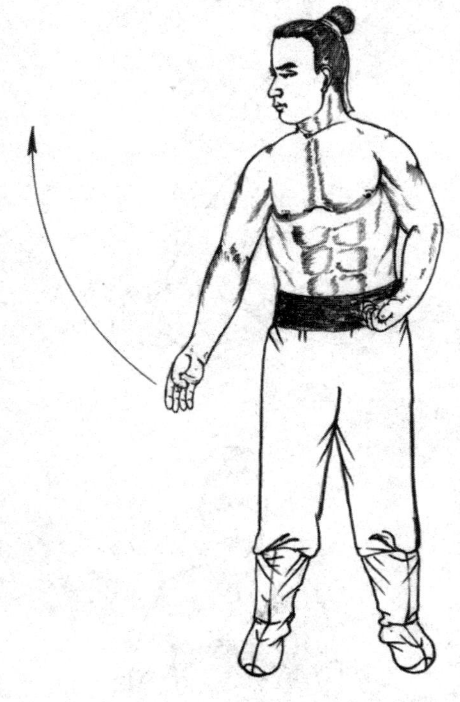

图 2-101

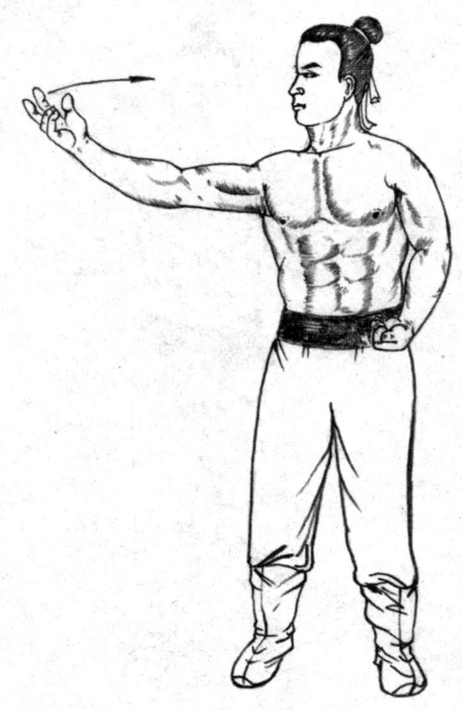

图 2-102

图 2-103

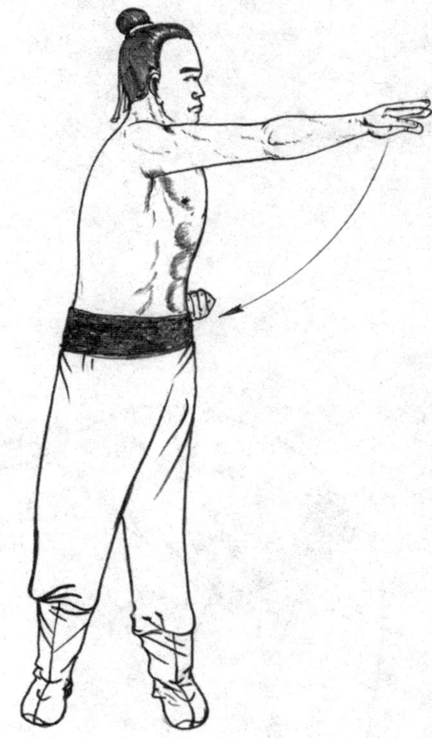

图 2-104

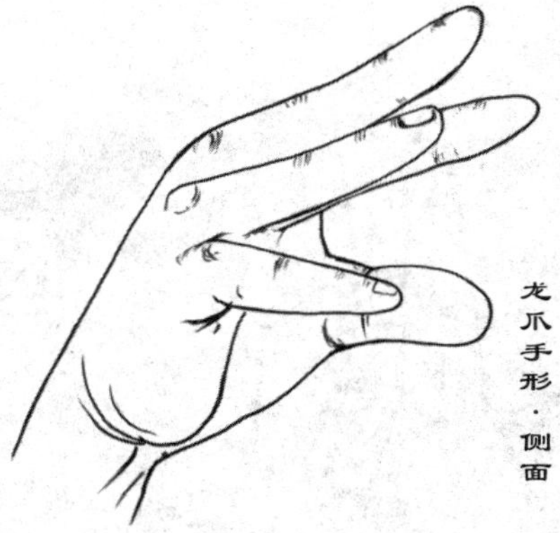

龙爪手形·侧面

图 2-105

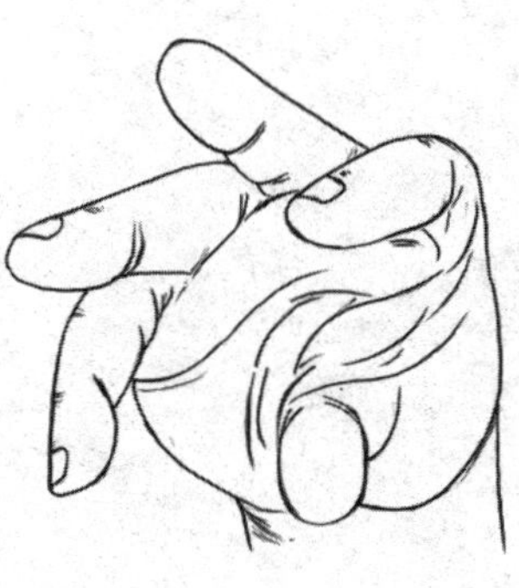

龙爪手形·正面

图 2-106

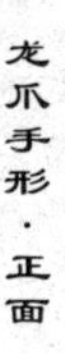

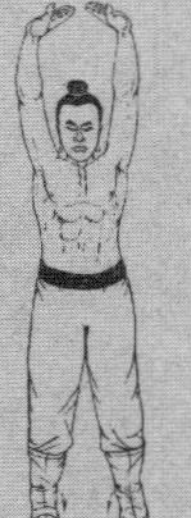

（9）右爪变掌，随之身体左前屈，两膝挺直，掌心向下按至左脚外侧，掌尖向左，目视下方。（图 2–107、图 2–108）

（10）躯干由左前屈转至右前屈，并带动右掌经左脚前划至右脚外侧，掌尖向前，目视右掌。（图 2–109）

（11）手臂外旋，掌心向前，然后屈拇指于掌心，其余四指依次屈指握住拇指成握固，拳心向上，高于右侧足三里处，目视右拳。（图 2–110 ~ 图 2–112）

图 2–107

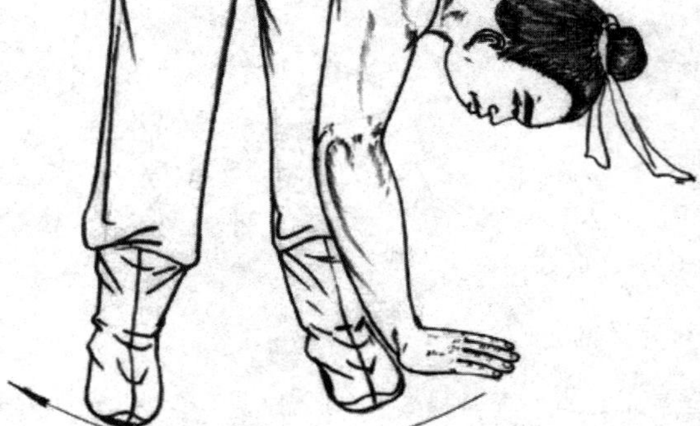

图 2–108

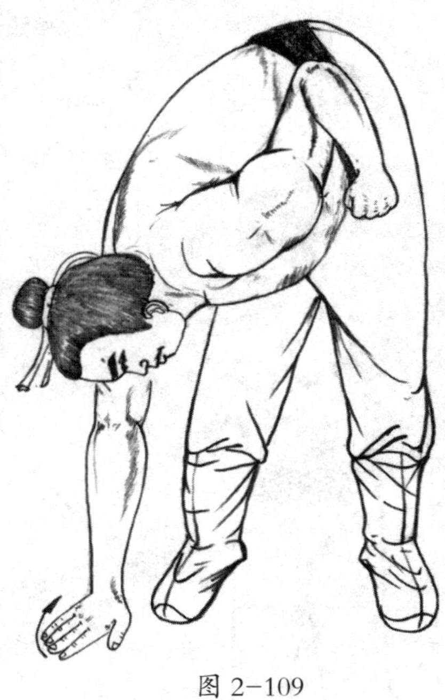

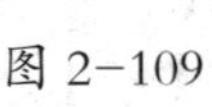

图 2-109

图 2-110

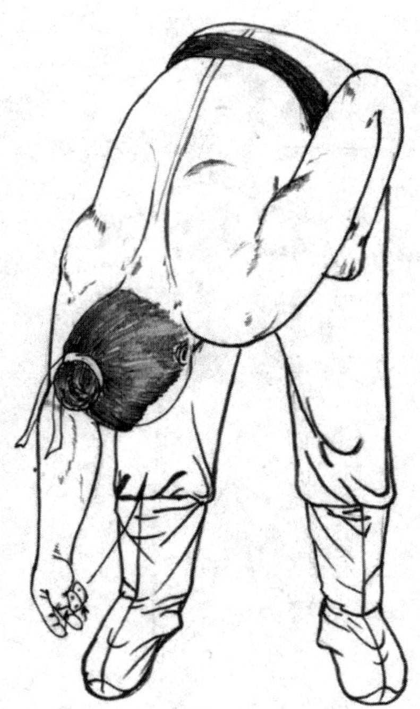

图 2-111

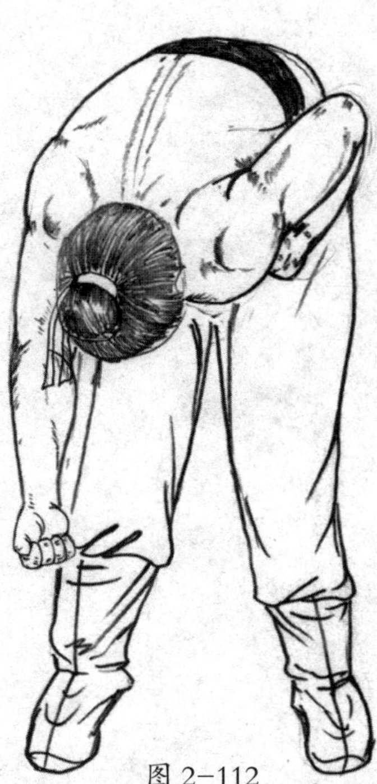

图 2-112

（12）上体抬起，直立；右拳随之收贴于右腹侧，拳心向上，目视前下方。（图 2−113）

（13）接着做右青龙探爪势，与左势动作相同，方向相反。（图 2−114 ~图 2−124）

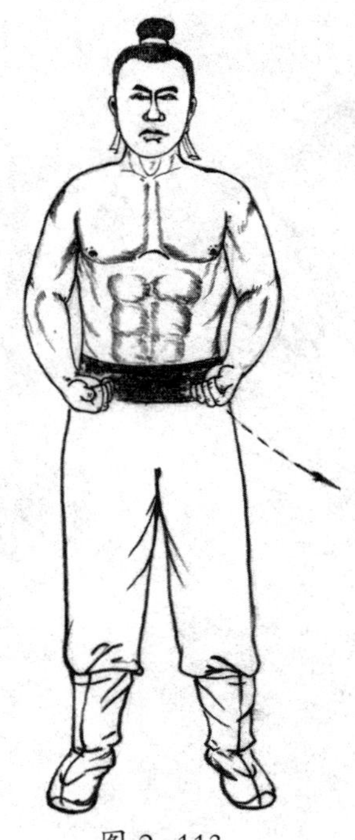

图 2−113

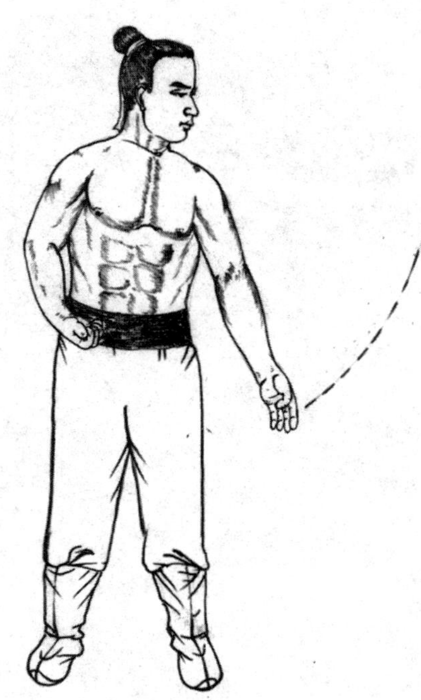

图 2−114

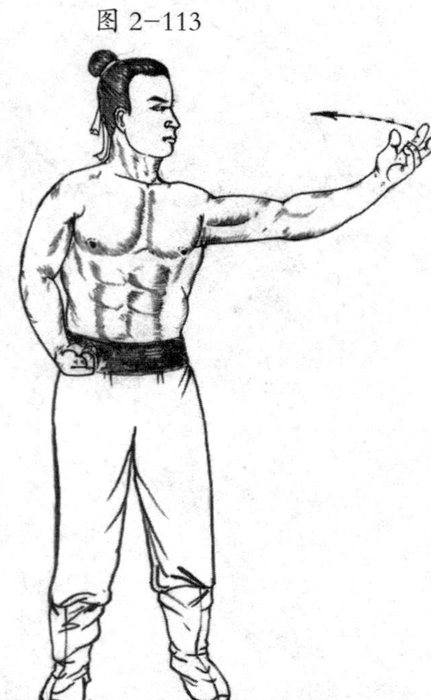

图 2−115

图 2−116

【要点】

（1）做龙爪时，五指不可弯曲，应将五指伸直分开，拇指、食指、无名指、小指内收，力在爪心。

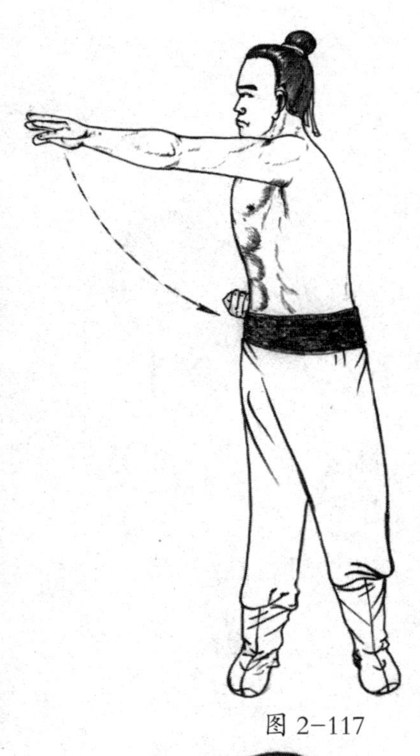

图 2-117

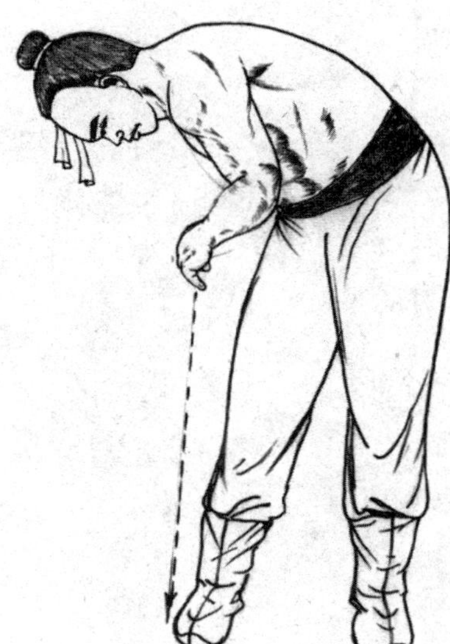

图 2-118

图 2-119

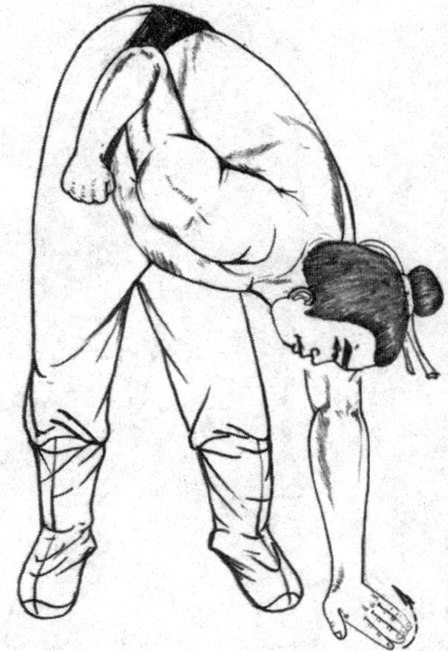

图 2-120

（2）伸臂探爪，下按画弧，力注肩背，前俯动作幅度适宜，直膝。动作自然、协调，目随爪走，意存爪心。

图 2-121

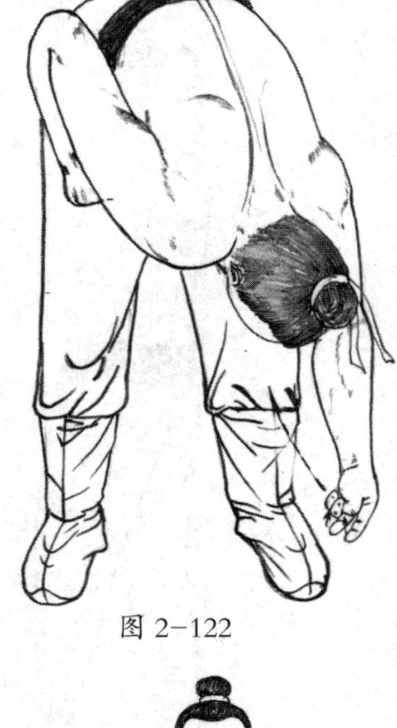

图 2-122

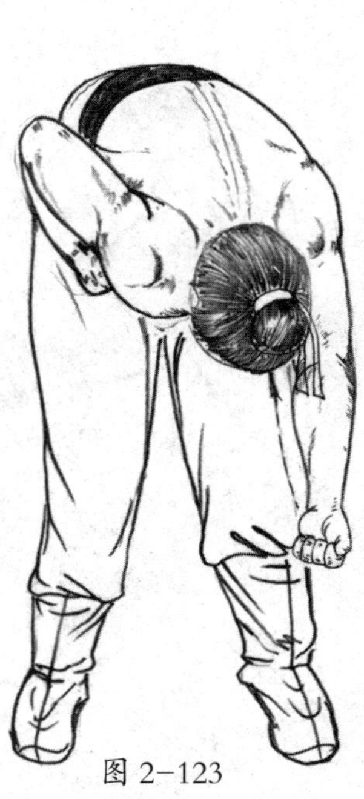

图 2-123

图 2-124

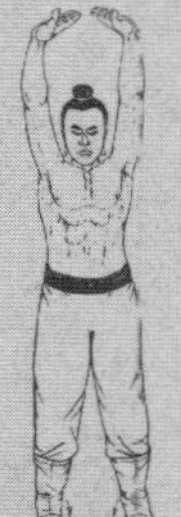

第十节 卧虎扑食势

【秘诀】

膀臂十指用力，两脚蹲开，前跪后直。十指拄地，腰平头昂，胸向前探。鼻息调匀，左右同之。

【练法】

（1）两手握固于腹侧不变，右脚尖内扣约 45 度，左脚收至右脚内侧成丁步；同时，身体左转约 90 度，目随转体视左前方。（图 2-125）

（2）左脚向前迈一大步，成左弓步；同时，两拳提至胸前云门穴，并内旋变虎爪，向前扑按，如虎扑食，肘稍屈，爪高约与肩平，目视前方。（图 2-126）

（3）躯干由腰到胸逐节屈伸，重心随之前后适度移动；同时，两手随躯干屈伸向下、向后、向上、向前绕环一周。（图 2-127 ~图 2-130）

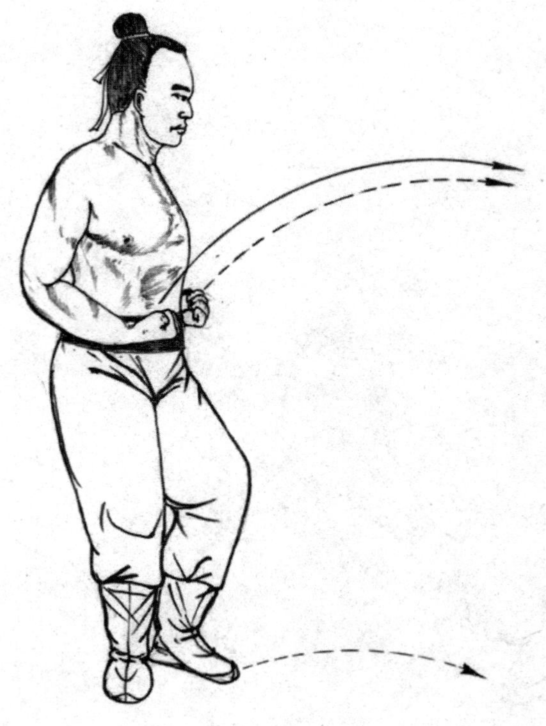

图 2-125

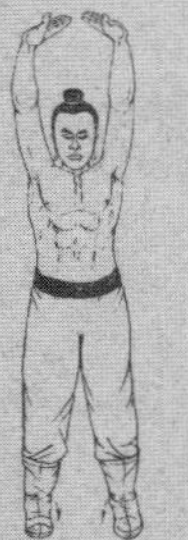

图 2-126

图 2-127

图 2-128

图 2-129

图 2-130

（4）随后上体下俯，两爪下按，十指着地；同时，右腿屈膝，脚趾着地，脚跟稍抬起；然后塌腰、挺胸、抬头、瞪目，目视前上方。（图 2-131、图 2-132）

（5）稍停片刻，起身转正；同时，双掌逐次屈指握固。双拳收于腹侧，上体右转，左脚尖内扣约 135 度，身体重心左移，左腿屈膝，右腿伸膝成右虚步，目视右前下方。（图 2-133 ~图 2-136）

（6）身体右转约 90 度，右脚收至左脚内侧成丁步，两拳握固抱于腹侧，目视前下方。（图 2-137）

（7）做右卧虎扑食势，与左势动作相同，方向相反。（图 2-138 ~图 2-147）

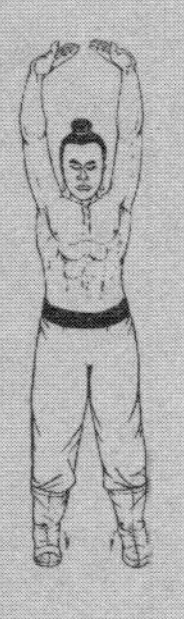

【要点】

（1）练功姿势中要求两手（虎爪）十指伸展，下按着地时抬头、挺胸、塌腰，其目的主要是使身体后仰，伸展胸腹，以刺激任脉，畅通气血，进而调理全身阴经之气（传统医学认为“任脉为阴脉之海”），同时也可改善练习者腰腿部肌肉力量和柔韧性，起到强健腰腿的作用。

图 2-131

图 2-132

图 2-133

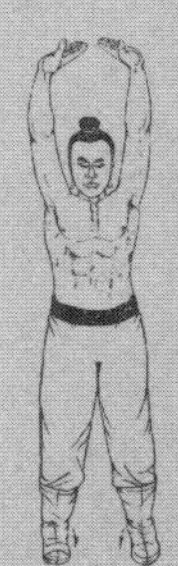

（2）在练习“卧虎扑食势”时采用高低两种姿势，主要是为了调整动作难度和练习强度，以适应不同年龄和身体状况的练习者锻炼。

（3）动作姿势较低，动作幅度较大，对下肢力量及关节灵活性等要求较高，特别是对两手十指着地后的支撑能力要求较高，没有一定的力量与灵活性是很难完成动作的。

图 2-134

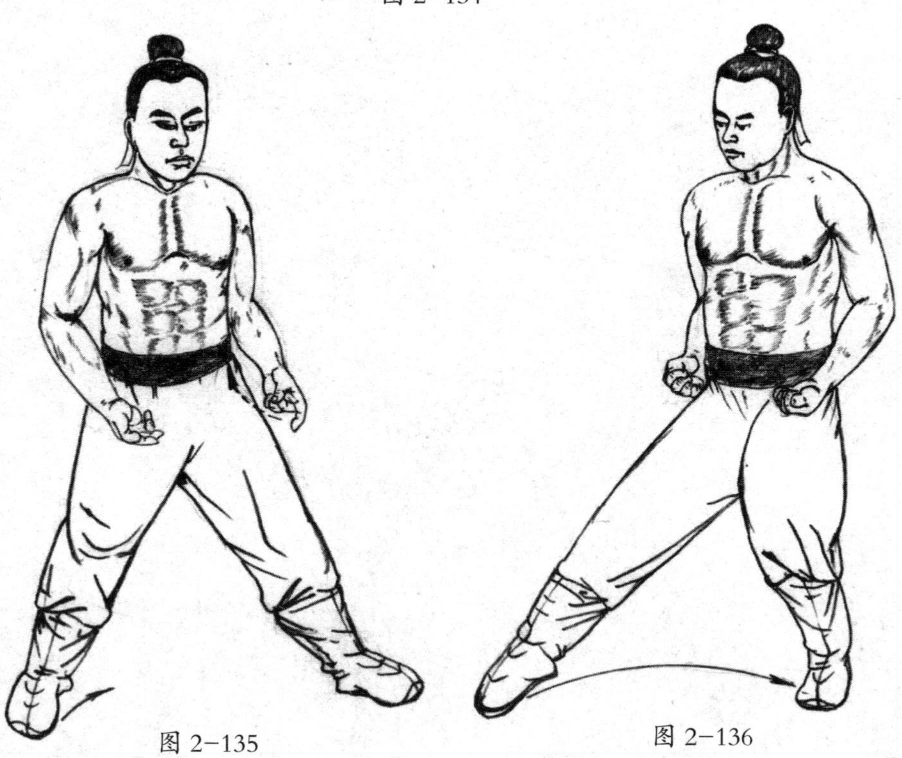

图 2-135 图 2-136

（4）此势动作姿势较高，动作幅度相对较小，对下肢力量及关节灵活性等要求不高，两手十指又不需要着地支撑，因而这种高姿势的卧虎扑食势动作难度较小，易学易练。

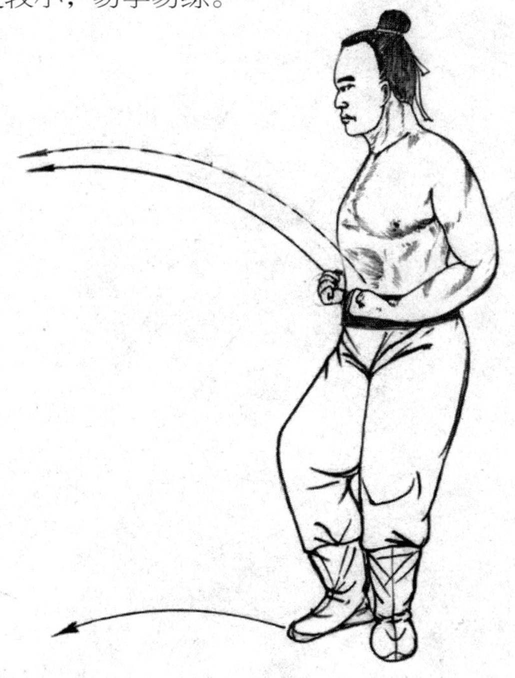

图 2-137

图 2-138

图 2-139

图 2-140

图 2-141

图 2-142

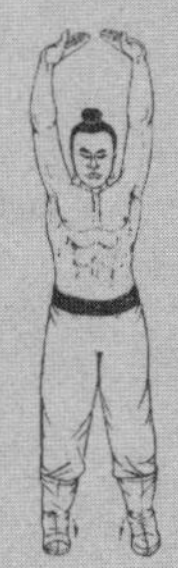

图 2-143

图 2-144

图 2-145

图 2-146

图 2-147

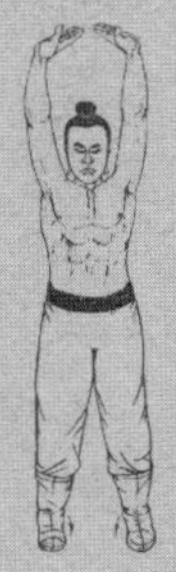

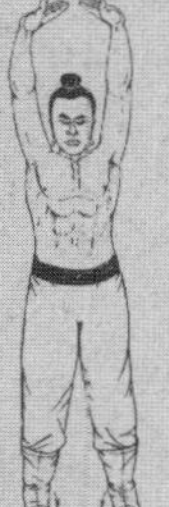

第十一节 打躬势

【秘诀】

两肘用力，夹抱后脑。头前用力探出，牙咬，舌抵上腭。躬身低头至腿，两耳掩紧，鼻息调匀。

【练法】

（1）两掌自体侧外展，虎口向上，掌尖向外，目视前下方。（图2–148）

（2）两掌至侧平举后，两臂屈肘，两掌向头顶合拢、下落，用掌心掩耳，十指扶按枕部，指尖相对。（图2–149、图2–150）

（3）以两手食指弹拨中指击打后脑枕部24次（即鸣天鼓），目视前下方。（图2–151 ~图2–153）

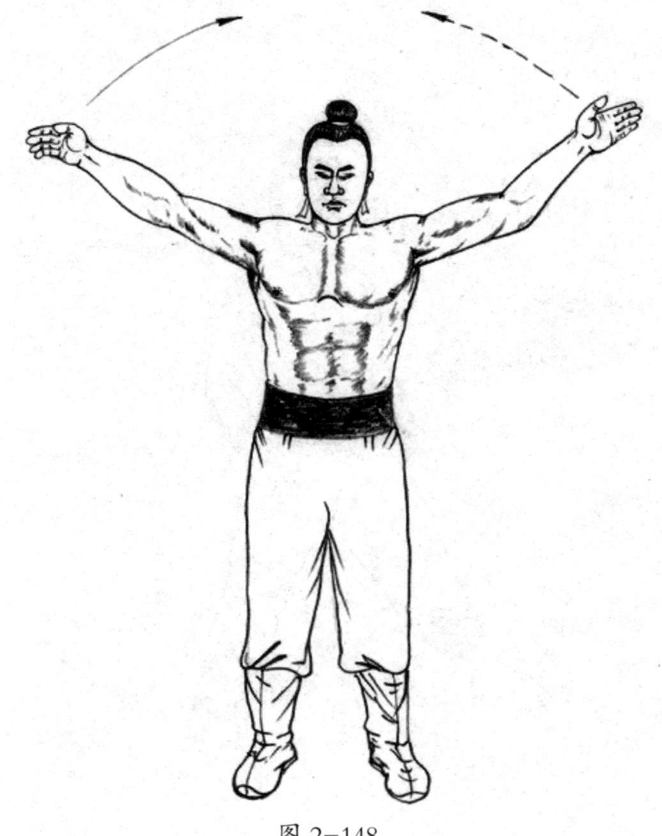

图2–148

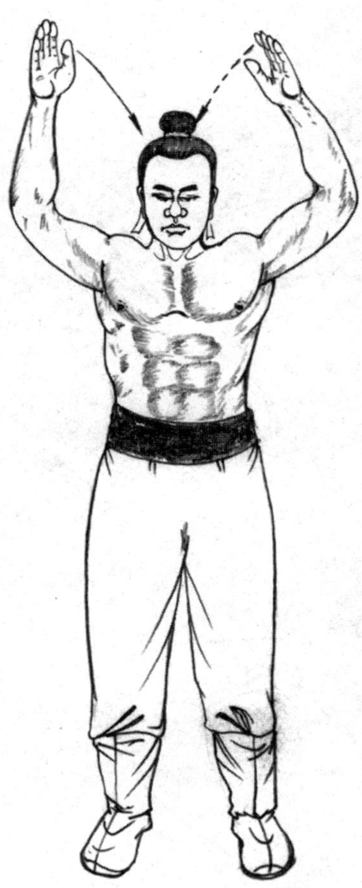

图 2-149

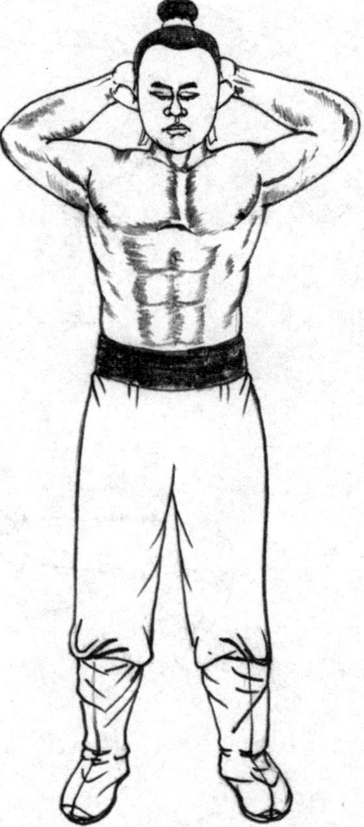

图 2-150

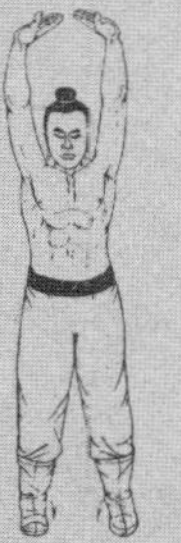

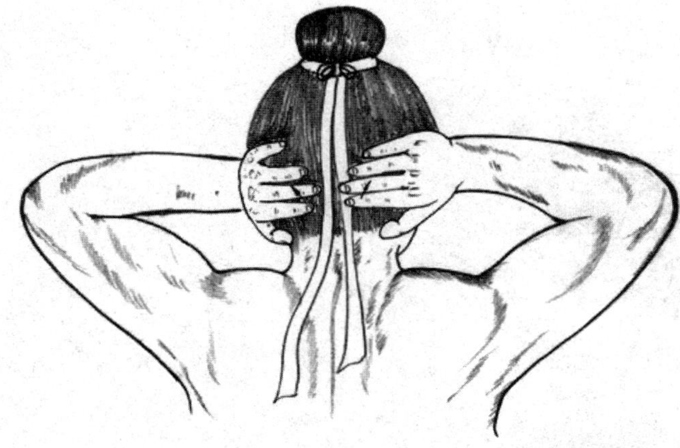

图 2-151

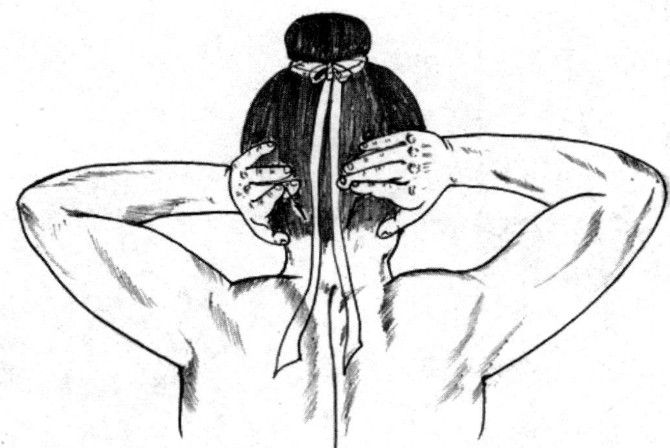

图 2-152

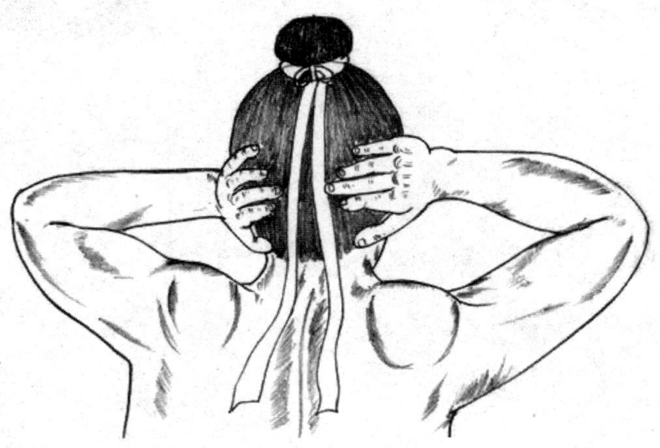

图 2-153

（4）身体前俯，由头经颈椎、胸椎、腰椎、骶椎，由上向下逐节缓缓牵引前屈；两腿伸直，目视脚尖，停留片刻。（图 2–154、图 2–155）

（5）由骶椎至腰椎、胸椎、颈椎、头，由下向上以此缓缓逐节伸直后成直立；同时，两掌掩耳，十指扶按枕部，指尖相对，目视前下方。（图 2–156）

重复练习上述动作 3 遍，逐渐加大身体前屈幅度，并稍停。

（6）第二遍前屈约 90 度。（图 2–157、图 2–158）

（7）第三遍前屈大于 90 度。（图 2–159、图 2–160）

年老体弱者可分别前屈约 30 度、40 度、90 度。

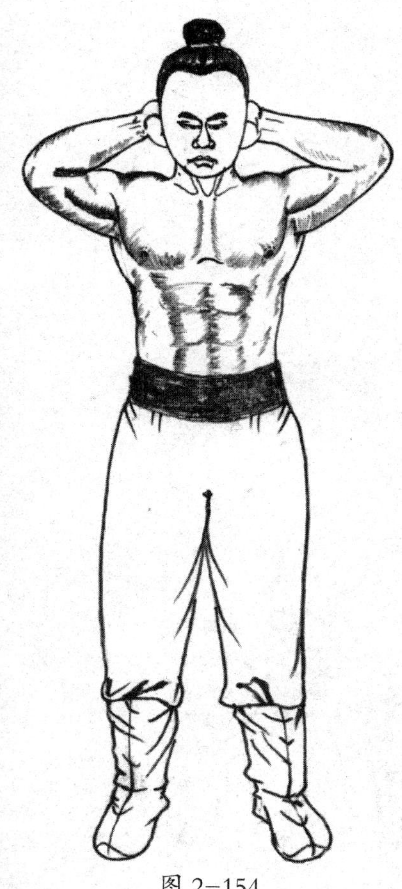

图 2–154

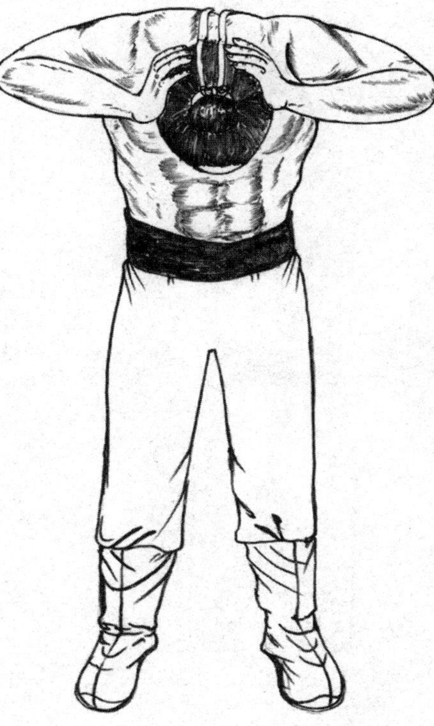

图 2–155

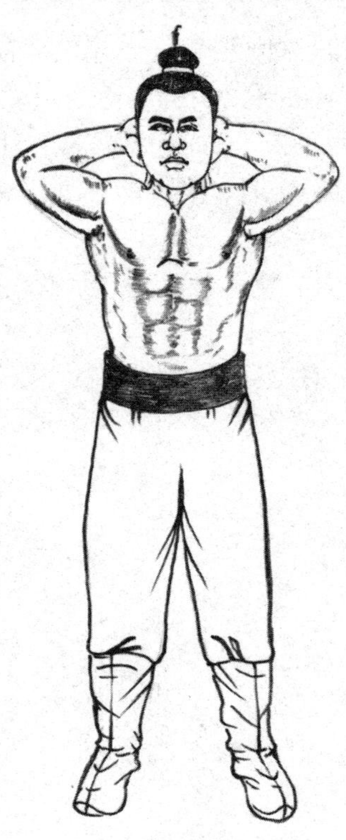

图 2-156

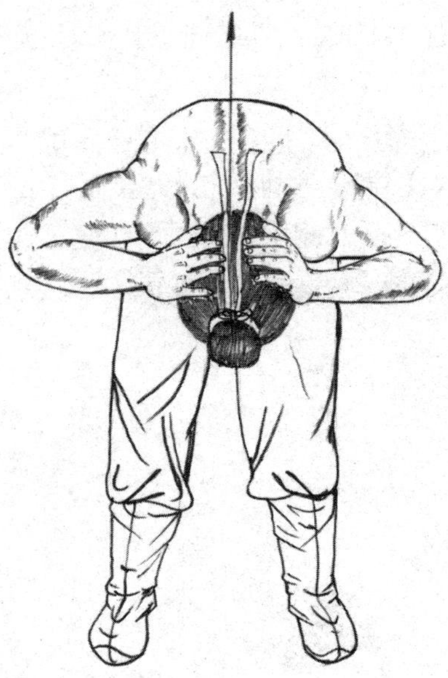

图 2-157

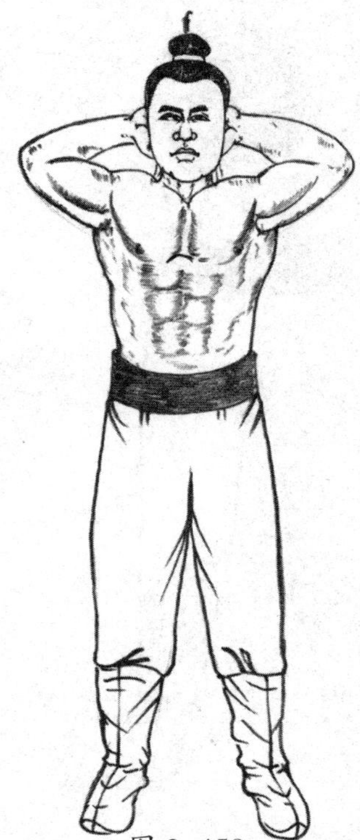

图 2-158

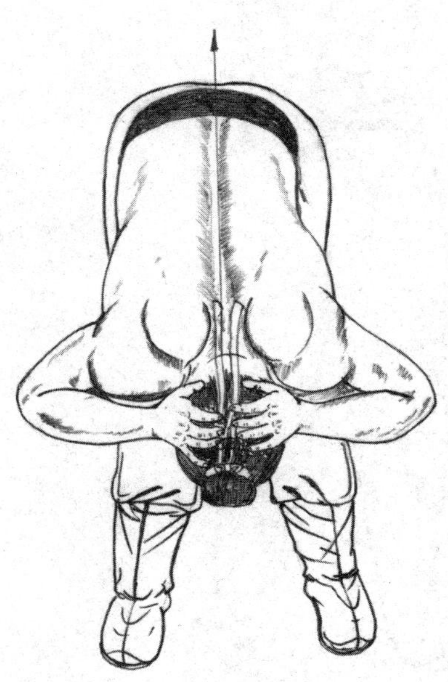

图 2-159

【要点】

（1）在规定动作中，身体有三次前屈和伸展导引，但并非简单的身体屈伸运动，它要求脊柱各关节分别做向上或向下的拔、拉运动。

（2）身体前屈时，要求从头部开始下伸，依次拔伸颈椎、胸椎、腰椎、骶椎各关节，由上向下逐节缓慢地牵引，同时要求两腿伸直。

身体起身伸展时，首先将用力牵引的头颈部位放松，然后再由骶椎开始依次向上，缓慢地牵拉腰椎、胸椎、颈椎各关节，直至身体伸直而成直立。

（3）在身体的前屈和前屈后的起身时，要注意每次屈伸时，掩耳的两掌不要辅助用力，要由躯干主动地牵拉屈伸。在身体前屈后、起身前，用力牵引的头颈部位要放松，随后骶尾再做起身用力。

此外，在重复第二次、第三次的前屈之前，头颈要放松后再做牵引用力。

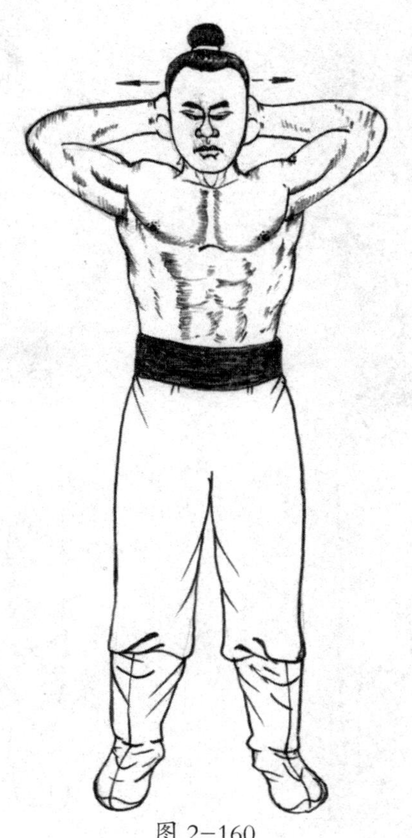

图 2-160

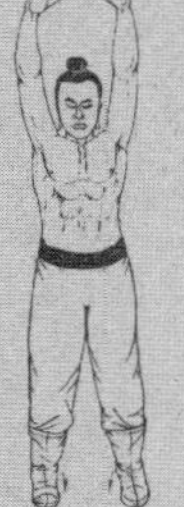

第十二节 工尾势

【秘诀】

膝直，膀伸躬鞠，两手交推至地。头昂目注，鼻息调匀，徐徐收入。

【练法】

（1）接上势，两掌猛然拔离双耳（即拔耳）。（图 2-161）

（2）两掌转腕，掌心向前，掌尖向上，手臂自然前伸，两掌间距与肩同宽，目视前方。（图 2-162、图 2-163）

（3）两掌转腕，掌尖向前，虎口向上，两掌心相对。（图 2-164）

（4）十指交叉相握，掌心向内。（图 2-165）

图 2-161

图 2-162

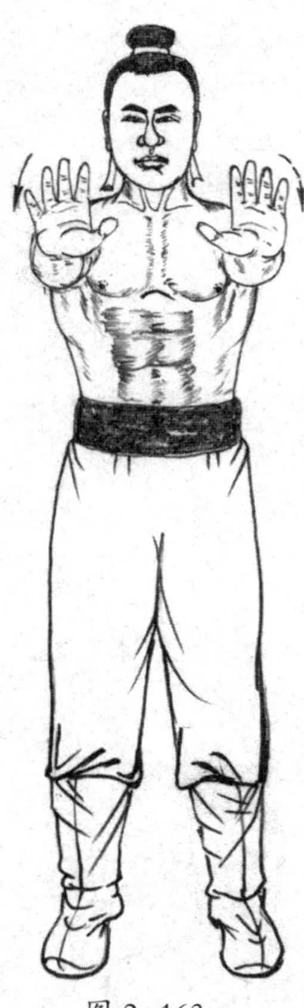

图 2-163

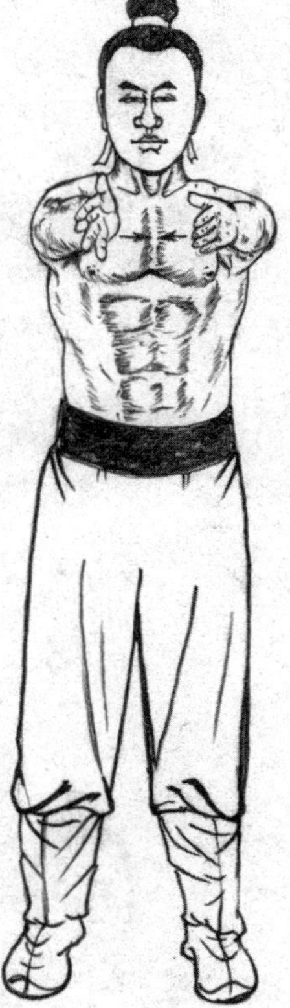

图 2-164

图 2-165

（5）屈肘，翻掌前伸，掌心向前。（图 2-166、图 2-167）

（6）屈肘，转掌心向下内收于胸前，身体前屈塌腰、抬头。两掌再缓缓下按，直至按于地面。（图 2-168 ~图 2-170）

（7）两掌按地不变，两膝挺直，昂头目视前方，继向左后转；同时，臀向左前扭动，目视尾闾（在尾骶骨末节）。（图 2-171、图 2-172）

（8）两掌按地不动，头还原位，昂头目视前方。（图 2-173）

（9）头向右后转；同时，臀向右前扭动，目视尾闾部。（图 2-174）

（10）两掌按地不动，头还原位，昂头目视前方。（图 2-175）

重复练习上述动作 3 遍。

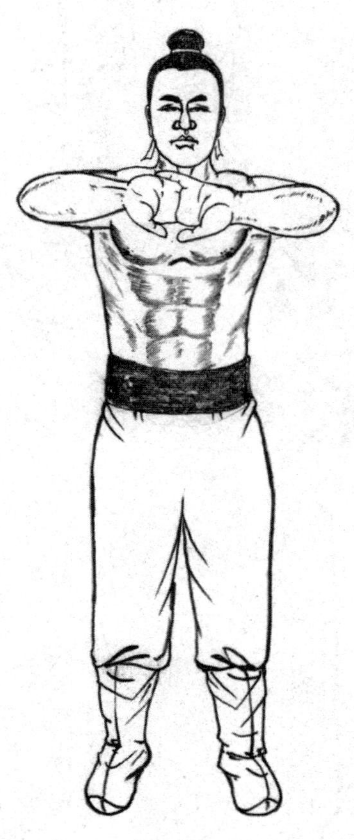

图 2-166

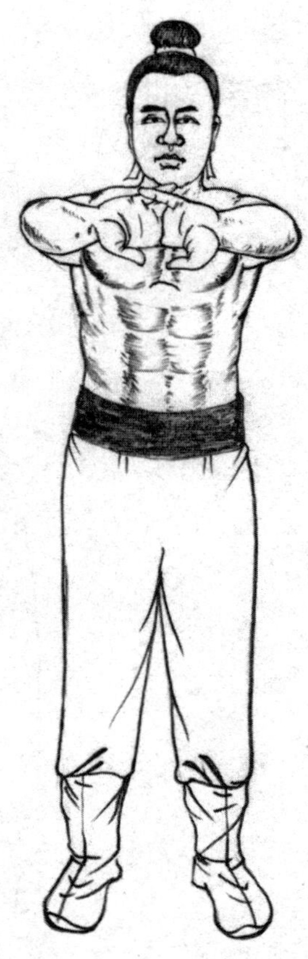

图 2-167

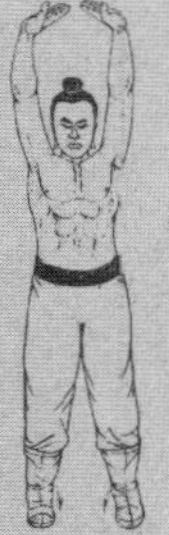

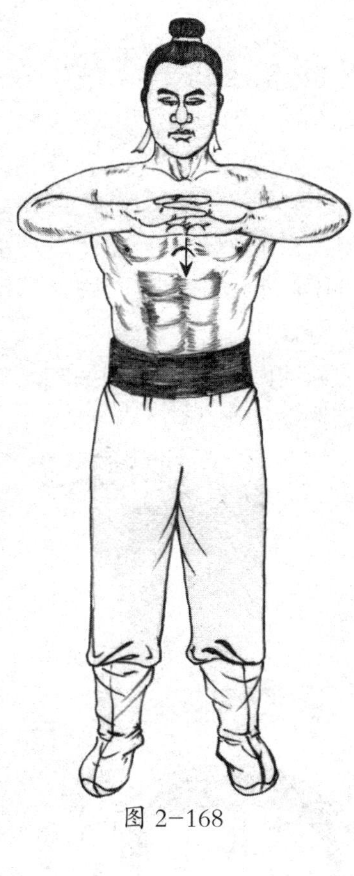
图 2-168

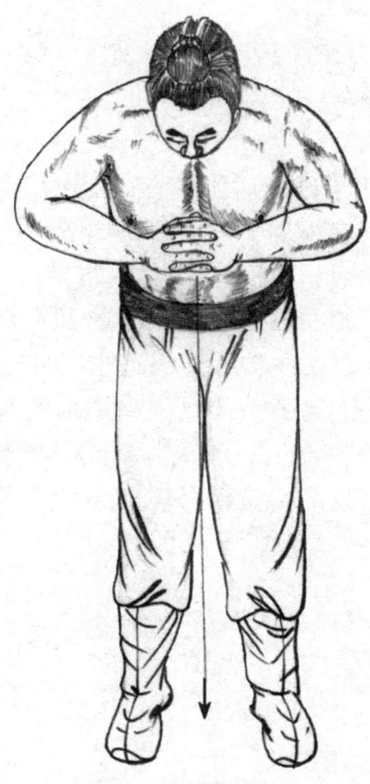
图 2-169

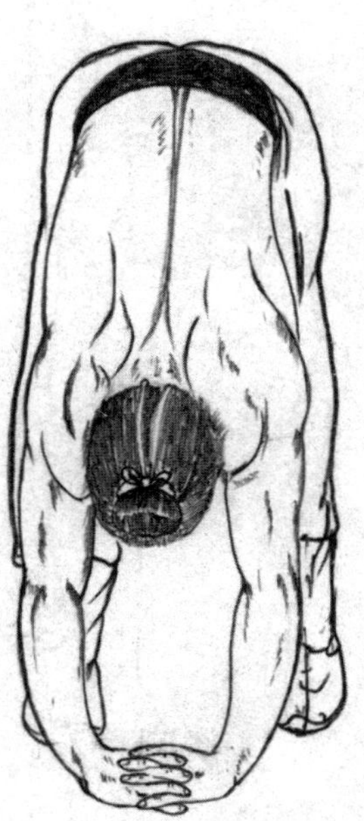
图 2-170

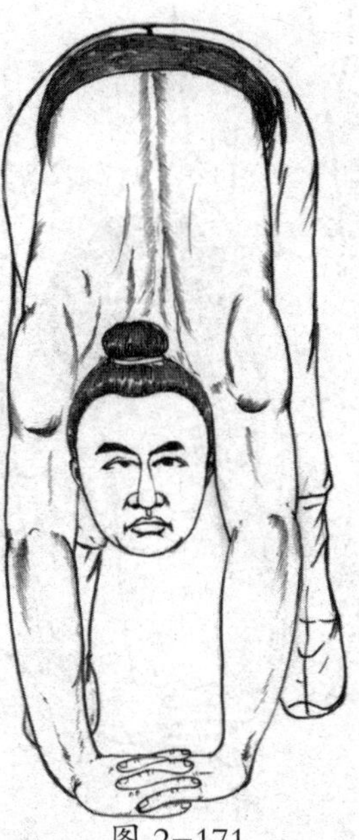
图 2-171

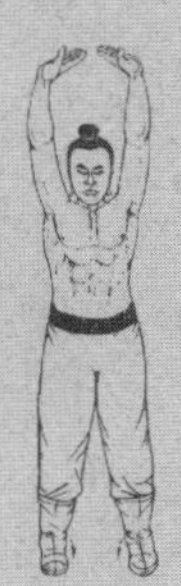

【要点】

（1）在此势动作中，最难做的是在身体充分前屈、双掌下按的情况下左右摇摆。

肢体柔韧性特别好的练习者，一般能够在双掌触地情况下，完成摇头摆尾的动作；但对于那些缺乏锻炼、身体柔韧性不好的练功者来说，如果强求其在双掌触地的情况下做摇头摆尾动作，就会导致手触地后不能形成抬头、挺胸、塌腰、翘臀的反弓姿势，使腰背如同龟背一样，不能完成躯干的左右扭动，很难达到应有的抻筋拔骨效果。

所以，工尾势不要只追求动作难度，双掌触地做摇头摆尾的要求是相对的，关键是要按照动作锻炼目的尽量完成整势动作。

（2）高血压、颈椎病患者和老年体弱者，头部动作应小而轻缓。另外，应根据自身情况调整身体前屈和臀部扭动的幅度次数。

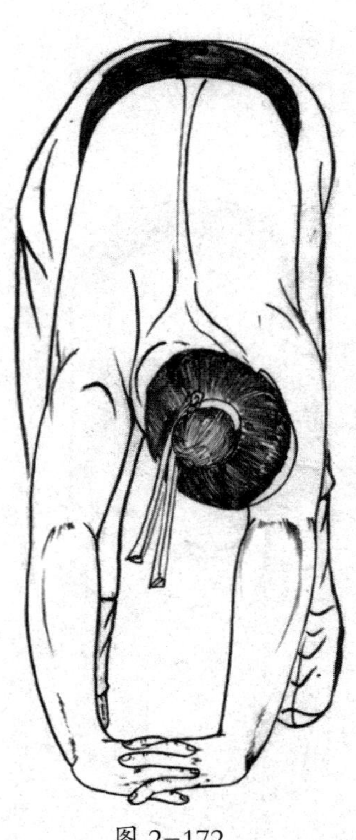

图 2-172

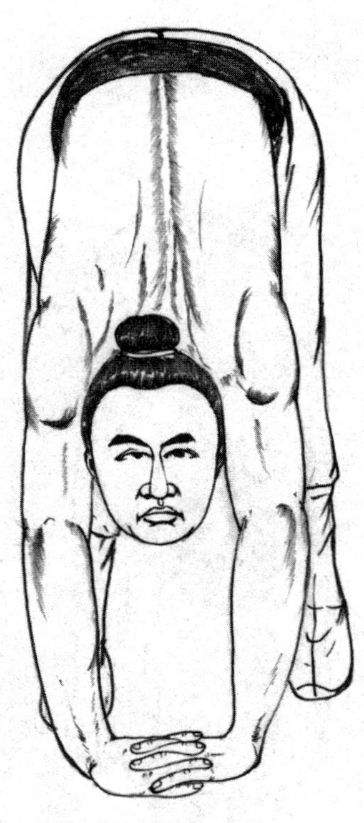

图 2-173

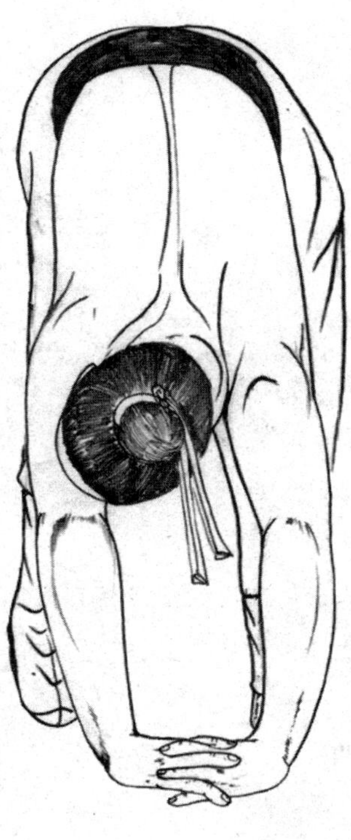
图 2-174

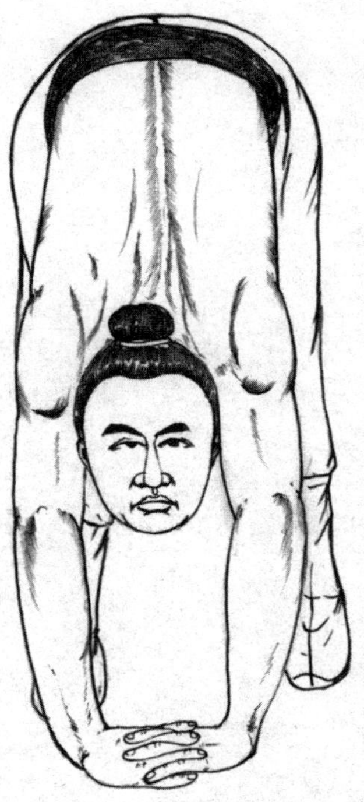
图 2-175

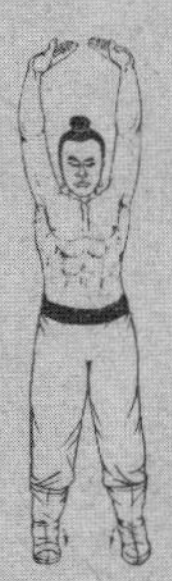

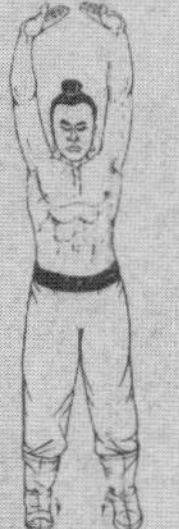

第十三节 收势

【秘诀】

脚跟顿地 21 次，左右膀伸 7 次。盘膝静坐，口心相注，闭目调息。定静后起。

【练法】

（1）两掌十指松开，两臂外旋，上体缓缓直立；同时，两臂伸直外展。至与肋平时，环臂、两掌向前抱，虎口向上，十指略屈。（图 2−176 ~图 2−179）

（2）转掌，掌心向下，缓缓按掌至小腹前，随即下收，垂于体侧，目视前下方。（图 2−180）

（3）接着，两臂伸直外展成侧平举，掌心向上，随后两臂上举，肘微屈，掌心向下，目视前下方。（图 2−181）

（4）松肩，屈肘，两臂内收，两掌经头、面、胸前下引至腹部，掌心向下，目视前下方。（图 2−182 ~图 2−184）

重复练习上述动作 3 遍。

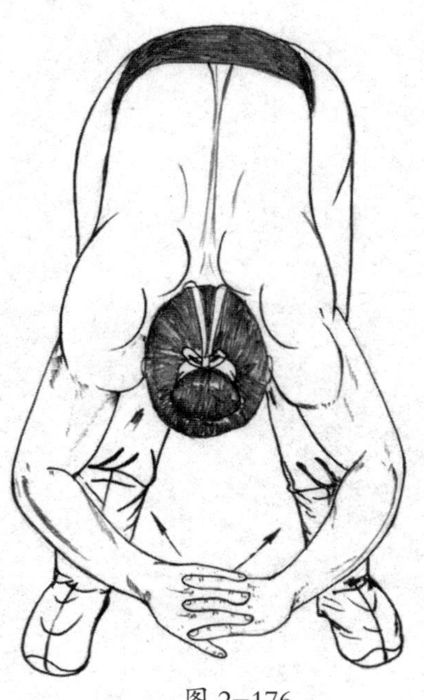

图 2−176

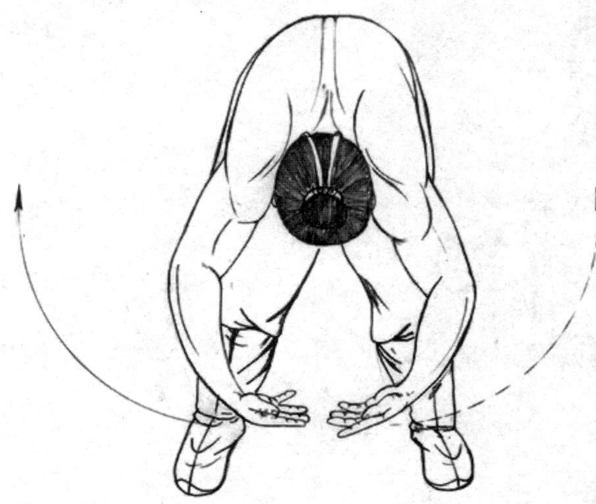

图 2-177

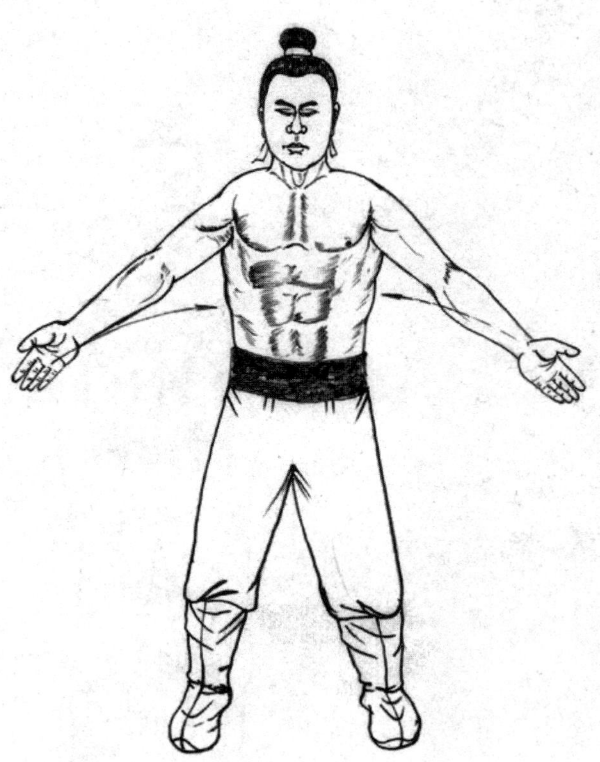

图 2-178

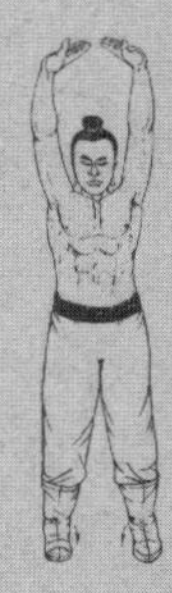

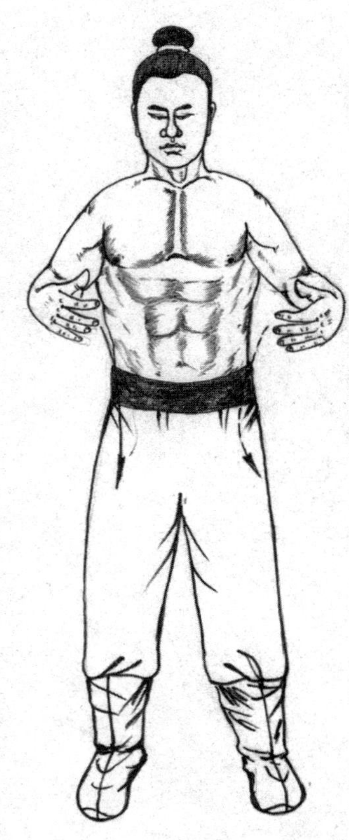

图 2-179

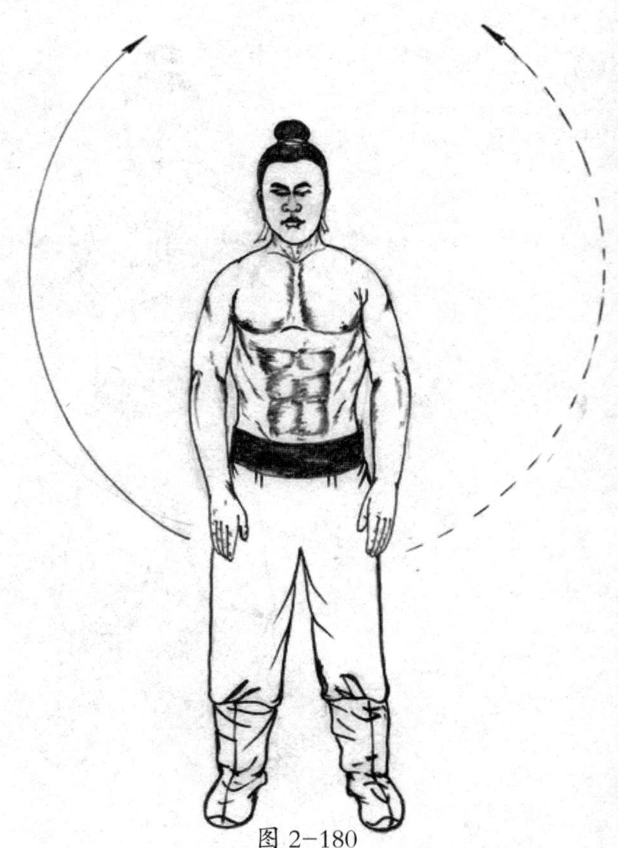

图 2-180

图 2-181

图 2-182

图 2-183

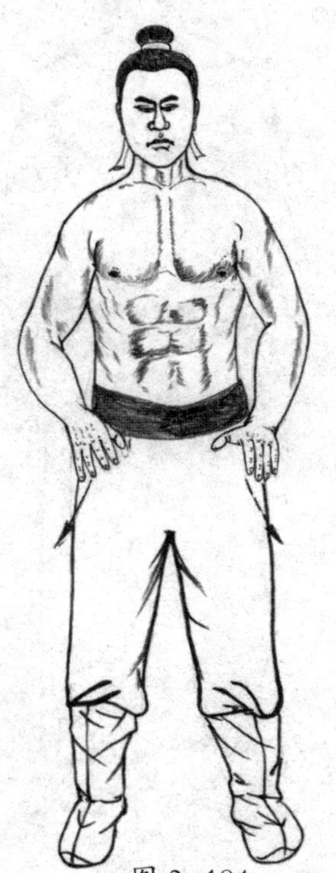

图 2-184

（5）两臂放松还原，垂于体侧。（图 2–185）

（6）左脚收回，并步正身站立，全身放松，目视前方。（图 2–186）

（7）两掌收抱于丹田前，左掌心托住右掌背，掌心向上；以两脚前掌为着力点，提起脚跟，顿脚 21 次。（图 2–187）

（8）两臂左右平展，有节奏地向两侧一伸一收，共做 7 次，以放松身体。（图 2–188）

（9）放下双掌，自然盘坐于地面，进行放松与调息。（图 2–189）

【要点】

（1）第一次、第二次双掌下引至腹部以后，意念继续下引，经涌泉穴入地。最后一次则意念随双手下引至腹部稍停。

涌泉穴，在脚底第二、第三蹠骨之间。简易取位法：脚底人字纹顶端的凹陷处。

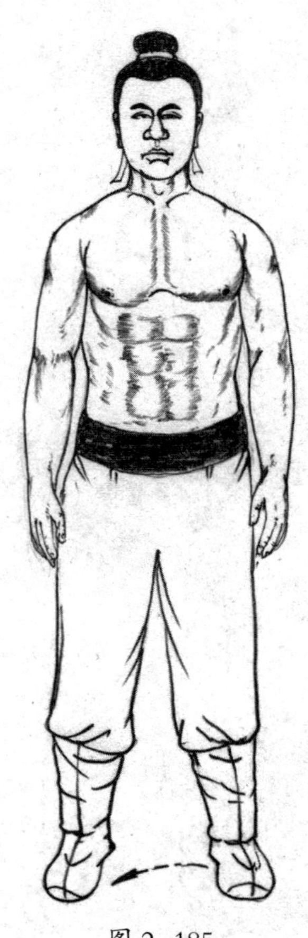

图 2–185

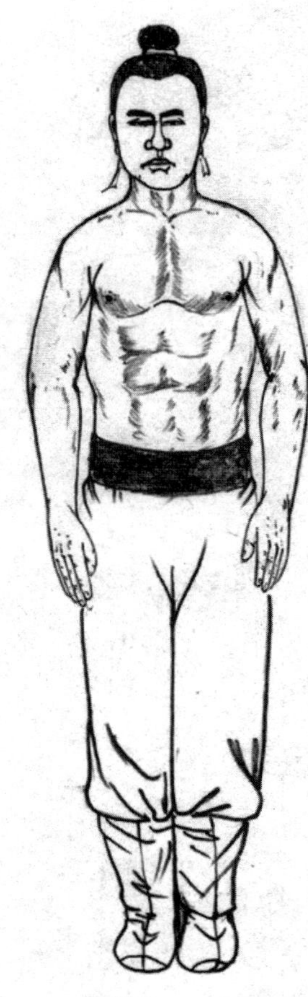

图 2–186

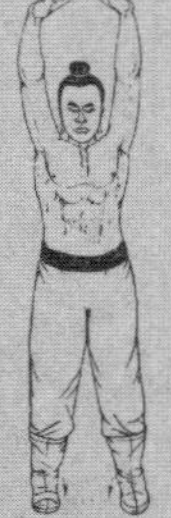

（2）下引时，两臂匀速缓缓下行。

此功防自释门，以禅定为主，将欲行持，先须闭目冥心，握固神思，摒去纷扰，澄心调息，至神气凝定，然后依次如势行之。必以神贯意注，毋得徒具其形。若心君妄动，神散意驰，便为徒劳其形，而弗获实效。

初练动势，必心力兼到，静势默数三十，数日渐加，增至百数为止。日行三次，百二十日成功。气力兼得，则可日行二次；气力能凝且坚，则可日行一次。务至意念不兴乃成。

图 2-188

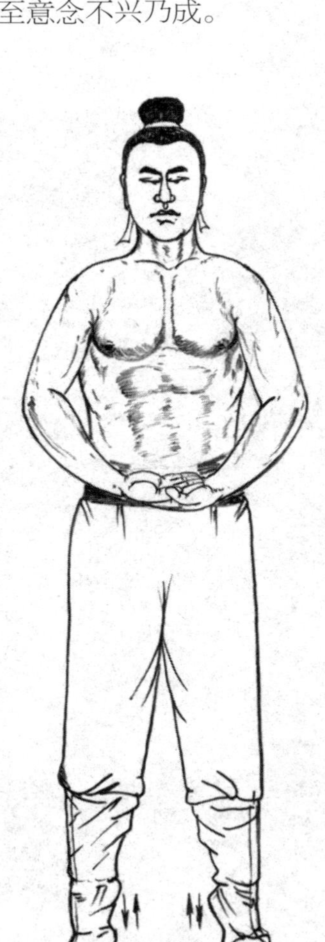

图 2-187

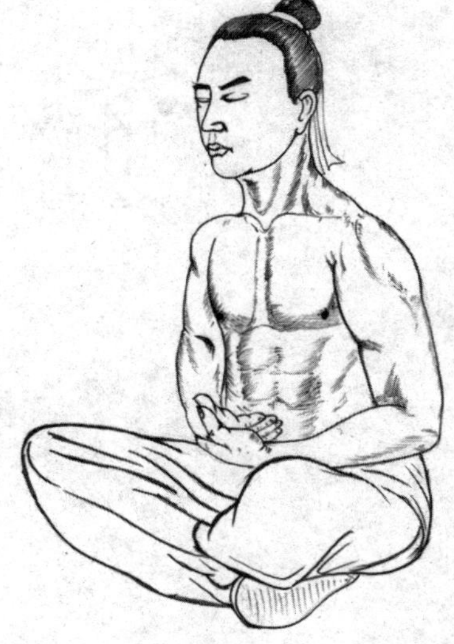

图 2-189

第三章　十二月行功

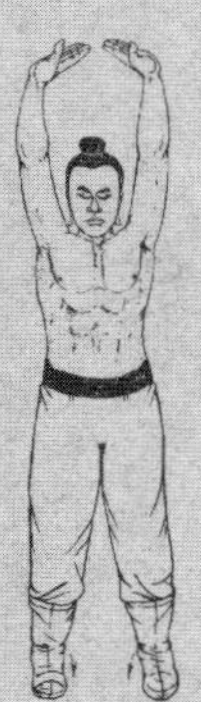

易筋经十二势内功练得病去身强，内充气积。此时，则专选一年时间来修炼这部功夫，有内壮为基础，成就外壮，而内壮也更加坚实。

第一节 初月行功法

修炼之初以“揉法”开始。过去在练习的时候，要选 6 岁左右的儿童 3 至 4 人，让其轮番推揉。为什么要以儿童做揉功呢？第一是因其力小，推揉的时候不易伤及肌肉筋膜，而能达到恰到好处的效果；二是童子血气旺盛之故。

注意，初揉选童子或少女是古传练法，不要照搬！自己想练此功，那就自己下手，既方便操作，又易控制轻重。为保留古传练法，此处未做更改，读者当细辨之。

揉的时候，应将上衣解开或脱掉，仰卧在床上，令儿童上前以掌按在心口与肚脐之中间（即胃脘腹部地方），自右向左，推而揉之。速度不快不慢，不能太轻而脱离皮肉，也不能太重而压着骨头，更不能到处乱加推揉按摩，这样才符合要求。

（1）童子揉法图示。（图 3-1）

（2）少女揉法图示。（图 3-2）

（3）自己揉法图示。（图 3-3）

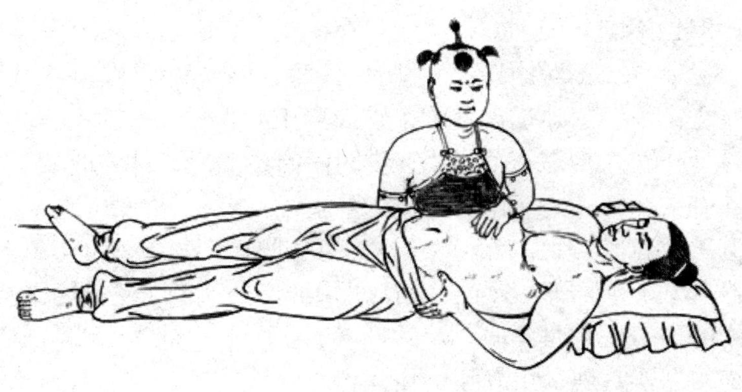

图 3-1

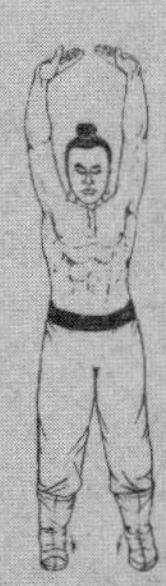

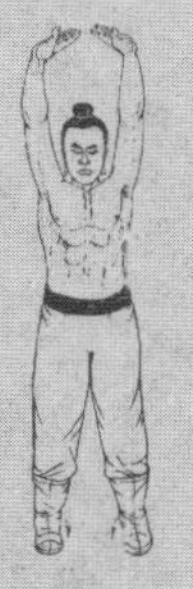

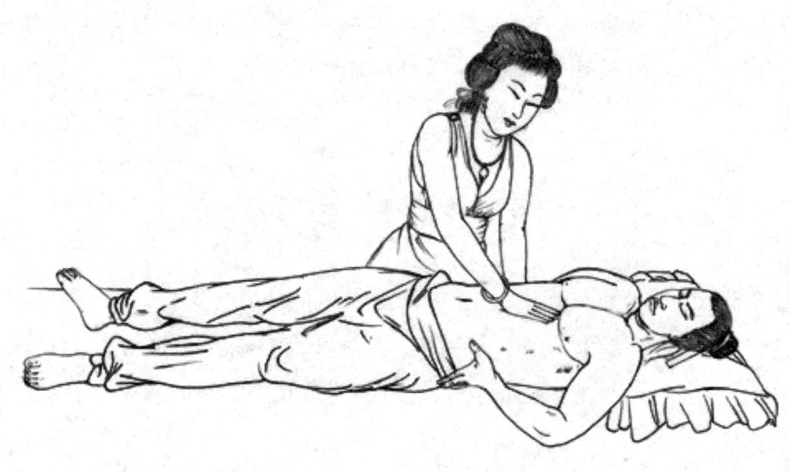

图 3-2

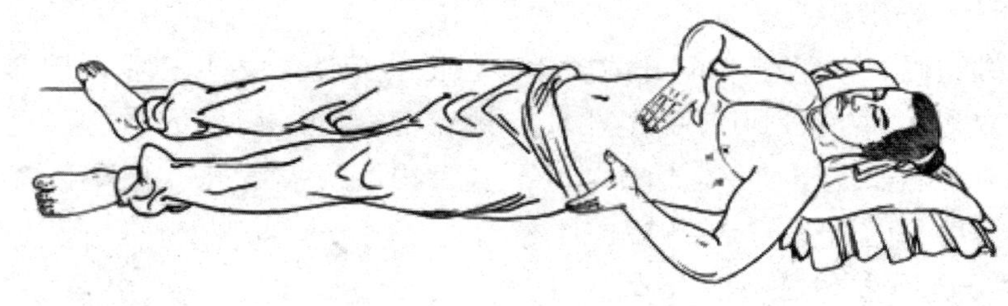

图 3-3

进入正式揉的时候，要排除杂念，聚精会神，神不外驰，意守所揉，专心练功；但也不能死守不放，或者刻意加重、营造、追逐某种意念，而因此增加不必要的心理负担，反为所累。符合这样的要求，精气神自然附注在揉摩之掌下，这才是合度的火候、真正的火候，方算真正的练法。

揉的时间一次大约需一个时辰，古时没有钟表而无法定时间，则以大香两炷接连烧完为准。

揉功每天要在早、中、晚各做一次，每天坚持。如果青少年练习此功，因为阳火旺盛，只可早晚各练一次。如果练习过于频繁，很可能导致一些意想不到的事来，健身不成，反致疾病。

揉功练习完毕之后，可静睡一会儿。

第二节 二月行功法

第一个月的初步功完成，内气已经充盈团聚，自觉食欲很好，消化能力增强，腹部两侧有两条筋韧腾起，各有一寸多宽，如果将腹部努努气时，这两条筋便像木板一样坚硬。这就是练功初步效应的验证了。

然而，原来按掌的两旁的胁间、自心窝到肚脐软而有陷者，低深于筋下，这便是膜，掌揉不到，所以不能腾起。在二月行功法中，就要于原来所按一掌的两旁同时下掌，仍按前法徐徐揉摩。

（1）少女揉法图示。（图 3–4）

（2）自己揉法图示。（图 3–5）

其中最软的地方，还可以配合木杵深深捣之。

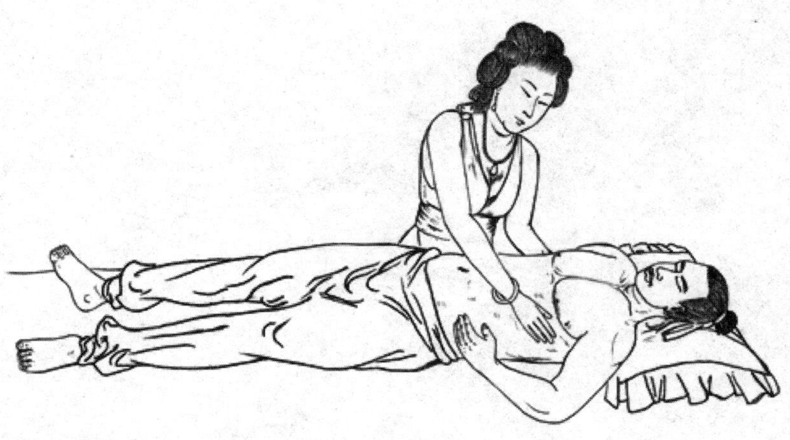

图 3–4

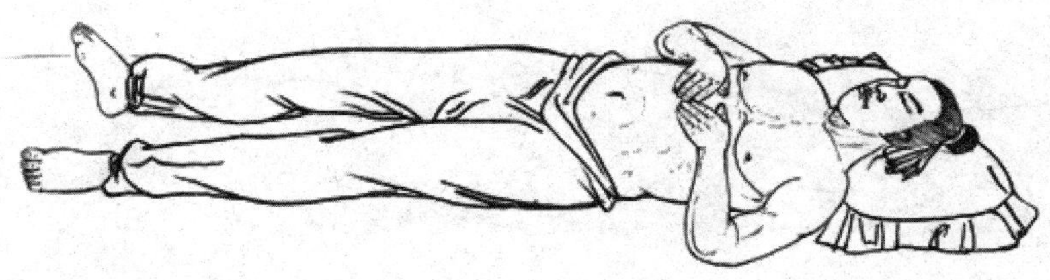

图 3–5

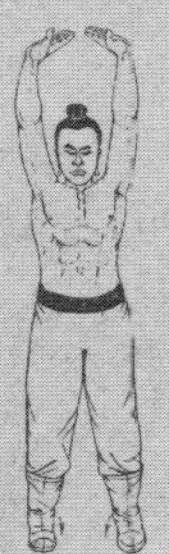

（3）童子用木杵捣揉腹部图示。（图 3–6）

（4）童子用木杵捣揉两肋图示。（图 3–7）

（5）自己用木杵捣揉肋部图示。（图 3–8）

（6）自己用双木杵捣揉图示。（图 3–9）

日久功深，则膜自然都能腾起，也向皮肤附着，看得见，摸得着，与筋同样坚实。若使上腹部没有一处软陷的地方，这就达到了全功。

这一步的捣揉之功，每次也是一个时辰，可以两炷香为标准（现在有时钟，不必用香），每天仍按早、中、晚行功各一次，天天行功，寒暑不间，长期坚持。

每次练功之后，就可以做日常之事务，两不相误。

木槌、木杵制作法：选好坚实木料制作，降真香最好，文楠、紫檀木次之。

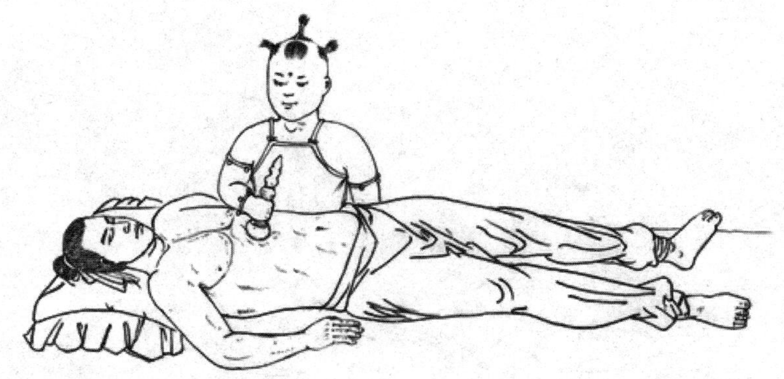

图 3–6

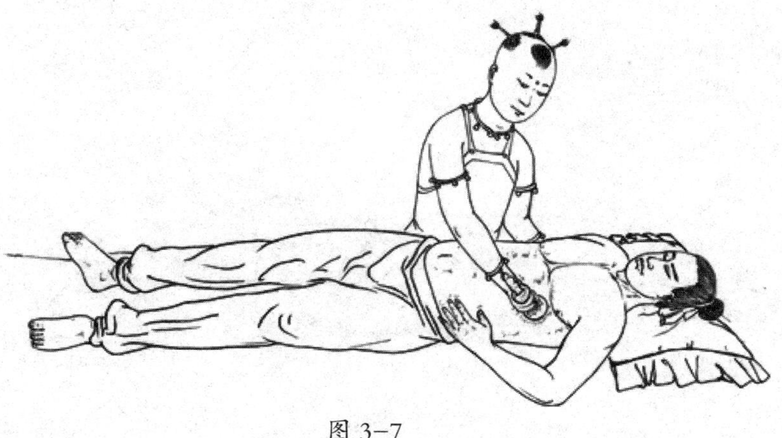

图 3–7

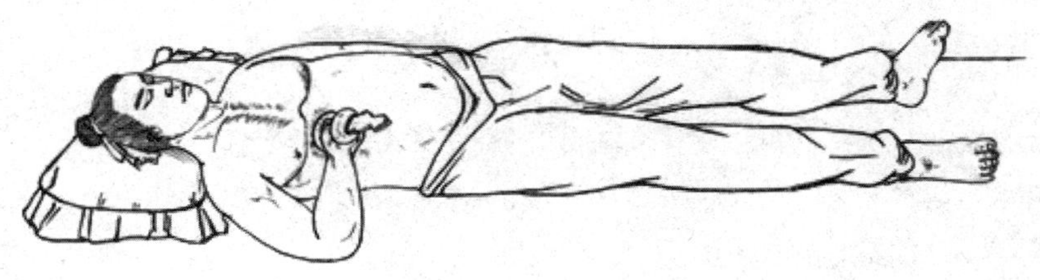

图 3-8

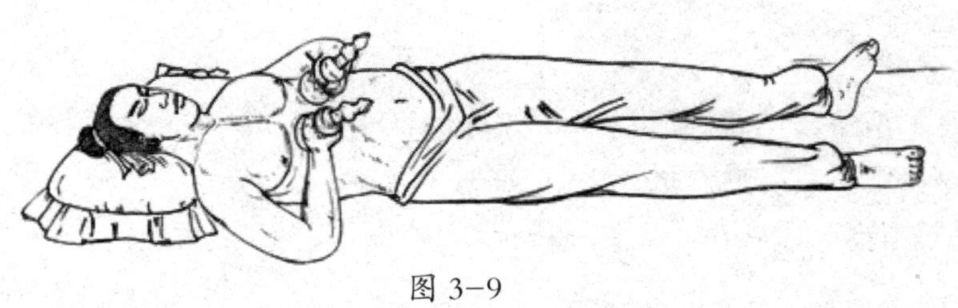

图 3-9

木槌长 1 尺，一端粗一端小，小的一端作握柄；中部周圆 4 寸，中粗，顶略细于中部。（图 3-10）

木杵长 1 尺 6 寸，中间圆球部位直径 1 寸 5 分，顶头圆球大于中部圆球，头圆尾尖。（图 3-11）

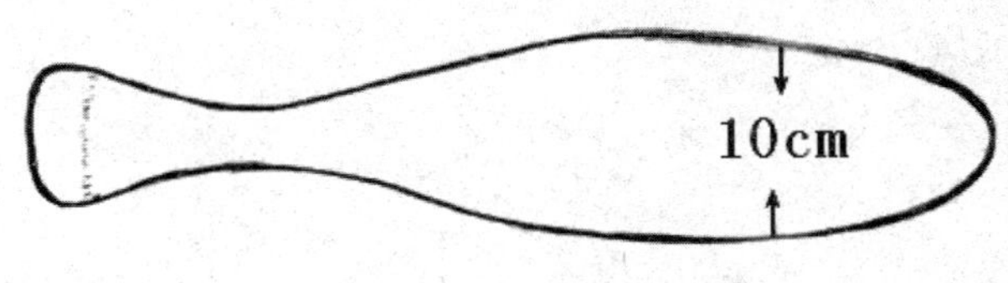

图 3-10

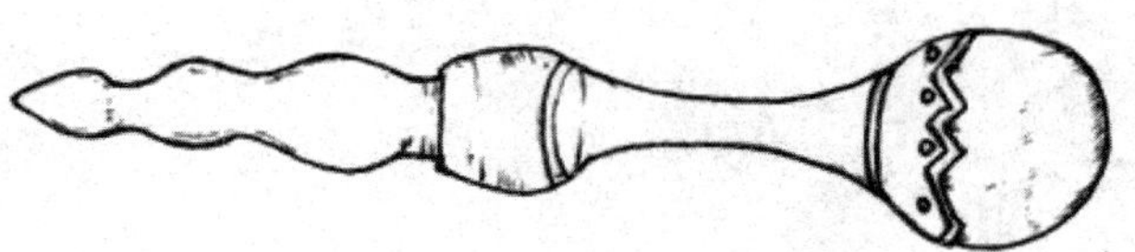

图 3-11

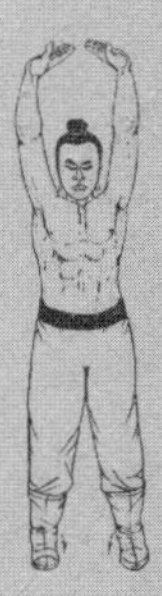

第三节 三月行功法

做完两个月的功后，原所下陷之膜，因为按掌揉捣之功的锻炼，到这时候都略为隆起了。这时，可以用木槌轻轻捣打。两侧下掌的位置，也都可以用木槌按上法捣打。

（1）童子用木槌捣肋图示。（图 3–12）

（2）童子用木槌捣打图示。（图 3–13）

接下来，再于两掌所按两侧，即接近两肋处，稍微再各开一掌，按前述方法揉摩。

（3）童子掌揉腹图示。（图 3–14）

（4）童子掌揉两肋图示。（图 3–15）

其他要求和要领与二月行功相同。

图 3–12

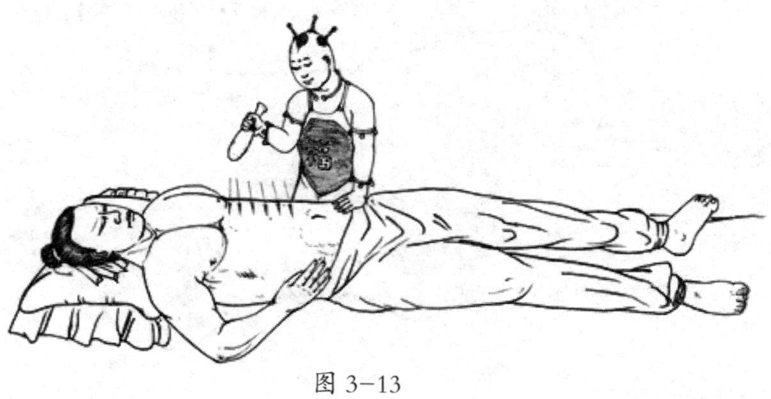

图 3–13

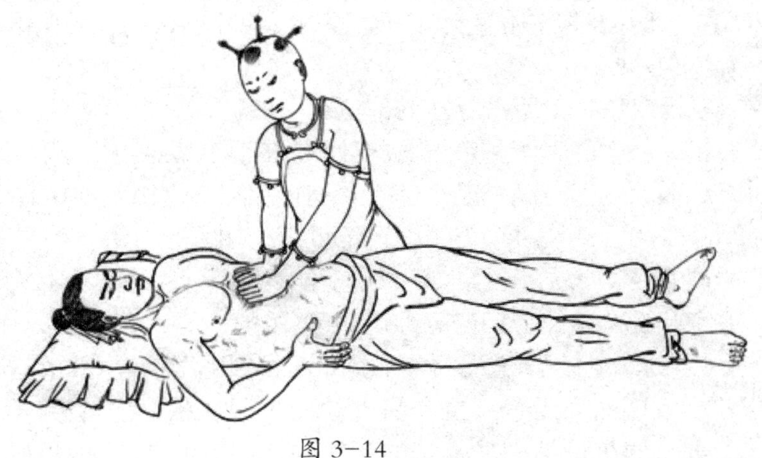
图 3-14

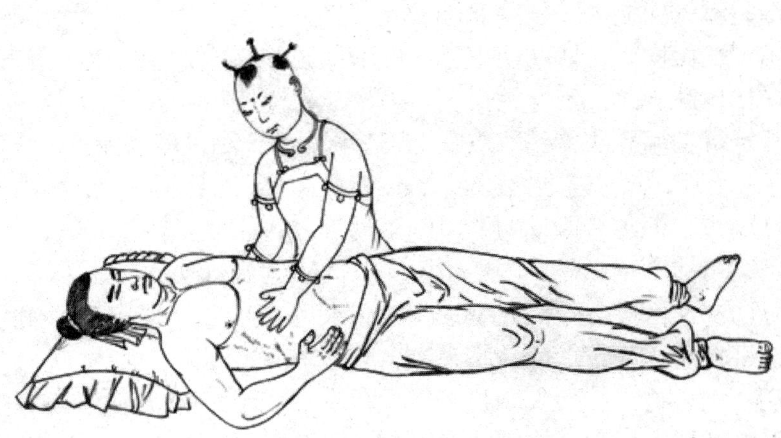
图 3-15

第四节　四月行功法

木槌和木杵是在肉上用功的工具，骨缝之间不宜用木槌和木杵，宜用石袋扑打。

石袋中所装石子，一要圆滑无棱角，二要干净，大的以似葡萄状、小的如石榴籽状为宜。选用石子以水中石子为佳，水中石子凉润无火气。山中石子性燥，容易引起火动；土中石子性郁，使气不畅顺，这两类石子不可用。石子有棱角会伤筋骨，无论其是否产生于水中，均不可用。

石袋的制作：选细布缝成圆筒，有如木槌或木杵状，视情况制作，或大或小。大的长约 8 寸；中等的长约 6 寸；小的长约 5 寸。石子的用法是

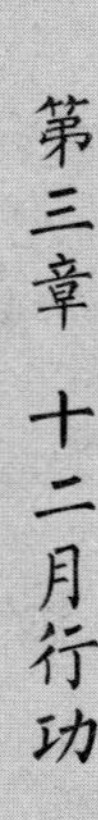
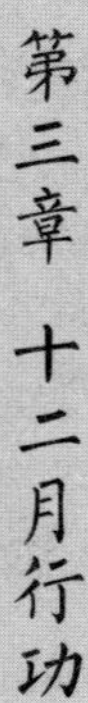

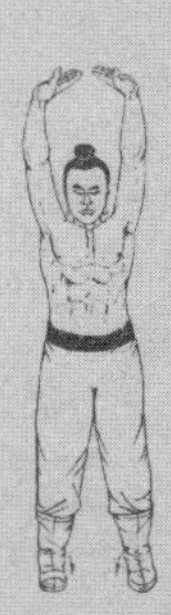

小的半斤（古时的秤是 16 两为 1 斤，现在 10 两为 1 斤），中者 8 两，大者 1.2 斤。（图 3–16）

练功三个月后，前所按三掌的部位皆用槌打，后来所按的两掌部位用槌先捣后打。每次的时间和每天的次数跟前三段练法要求相同。如此行功超过百天之后，内气充满，筋也坚实，膜也腾起，这说明练功有了效验。

前四个月的行功，必须遵循由轻至重渐次加力的方法。尤其是第一个月更要以轻为主，最好请七八岁的儿童作为助手来揉摩，因为儿童力气平和。注意，没有条件者，自己练习即可。

一个月之后，内气渐充而坚实盈满，这时则可用稍大力量，渐次加重，方为合宜；但切勿太重，太重容易火动。火即神意，练功中神意乱动，被叫作走火。通常锻炼内功外壮的功法中，均有一势泻火功法，其目的是不使全身气血瘀滞、皮肤肌肉僵硬，经络畅和。

用木槌捣揉时，切勿使木槌在皮肤上游移摩擦，应当直上直下，否则容易伤损皮肤。这一点，练习者千万注意，谨慎行事。

开始行功用揉法，是取皮肤上下为浅。渐渐加力，是因为内气逐步充实，可以承受，虽力稍重，仍是取浅。然后用捣，方算得深入。以后再用打。打虽然属浅，但它有振动力，可以振动到皮肤深层。轻重渐进，揉、捣、打合用，可使中宫由外到内逐步坚实，才算达到行功的目的。

行功超过百日，内气充盈，就像涧水拍岸浮堤（水满则溢的道理），这时如果在涧边开了缺口，涧水就会到处奔流，而不在涧中了。行功到这时，切勿用意将内气引入四肢，当揉时就不能用捣打，不该行捣打的部位千万不要捣打。否则，在规定部位之外略有引导，内气就散于四肢，成为外壮之勇了。一旦流于外壮后，内气就不能复归骨内，所以不能成为内壮。

从古至今的练武人，多喜欢外壮而不喜欢练内，结果是高功不就，难臻佳境，且退功较快，这其实就是他们不了解内能壮外的道理；仅求外壮就是无水之源，外强而中干。

让气锻炼入内的方法是：

用石袋从心口沿两肋骨与腹肌交接的部位，密密捣之，兼用揉法和打法。久久行之，骨缝之间的膜必能坚壮。

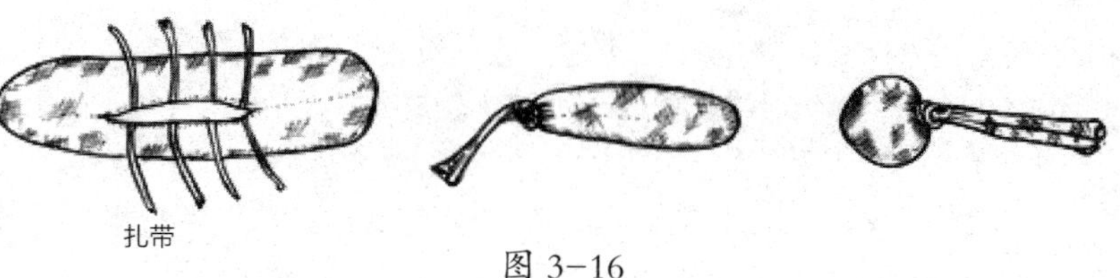

图 3–16

（1）童子持石袋扑打骨缝图示。（图 3–17）

（2）童子持石袋打心口与腹肌图示。（图 3–18）

（3）童子持石袋打肋法图示。（图 3–19）

（4）自己使用石袋扑打心口与腹肌法图示。（图 3–20）

（5）自己使用双石袋扑打两肋法图示。（图 3–21）

（6）自己使用双石袋扑打胸、肋等部骨缝图示。（图 3–22）

如此长久坚持，则原来积聚之内气便循行入骨。这种入骨法是循骨路而入的，入于内就不会外溢，才能够成为内壮。内壮和外勇的分别，就在这个要领上分辨。而这种分辨容易混淆，差之毫厘，便会谬之千里。如果这时再去进行勇猛刚烈的肢体训练，如拉硬弓、开强弩、拳敲打等，则气就会走行于外，永不能入内。这一点是练易筋经内壮之初必须注意的，再次提醒，不得疏忽！

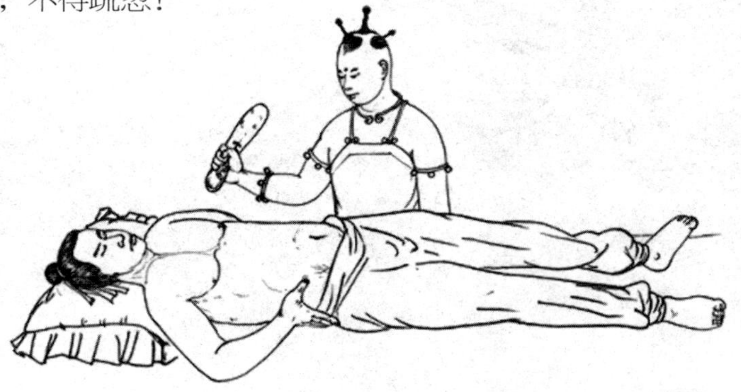

图 3–17

图 3–18

图 3–19

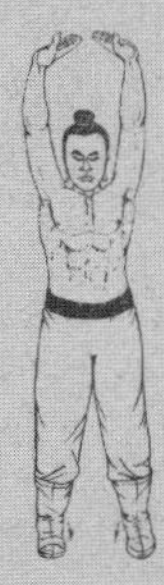

图 3-20

图 3-21

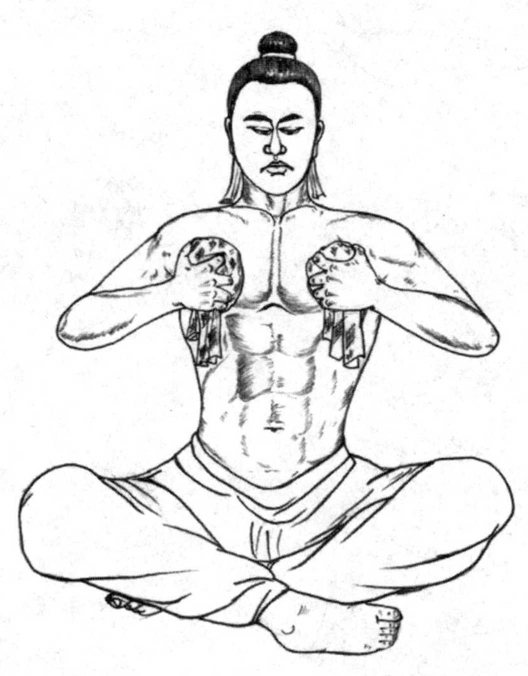

图 3-22

第五节　五至八月行功法

功逾百日，就是功夫修炼了 100 天以上，4 个月是 120 天，到了这个时候，心口下的两旁与肋骨交接的自上到下整个部位，已经过石袋扑打和揉功操练。这些部位乃骨缝的交界处，内壮与外壮的功夫也以练法变化在此交界。

此时不要导引向外，那么所积之气就会向骨缝中行，气是根据打的路线运行。

（1）自心口打起，循中线打至脖颈处。（图 3–23 ~ 图 3–25）

（2）再由此中心点分别沿肋梢打至肩。（图 3–26 ~ 图 3–28）

一遍过后，重来一遍，周而复始，不可倒打。每天早晚各一次，每次 2 小时，不得间断。如此再行百余日（4 个月左右），则气充满前怀，任脉气畅，功夫已有一半成功了（按通常所指的任、督二脉修炼为准分的）。

图 3–23

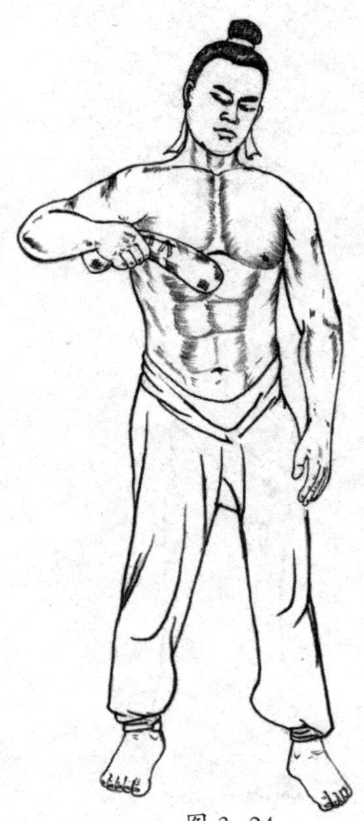

图 3–24

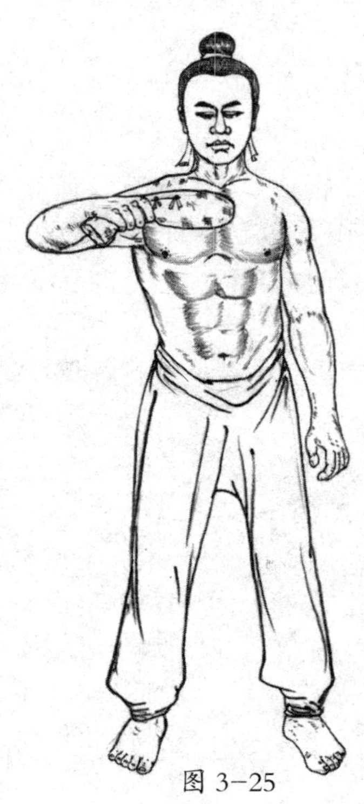

图 3-25

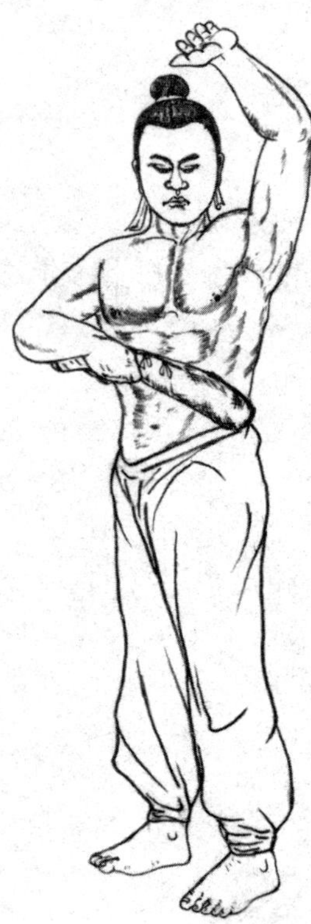

图 3-26

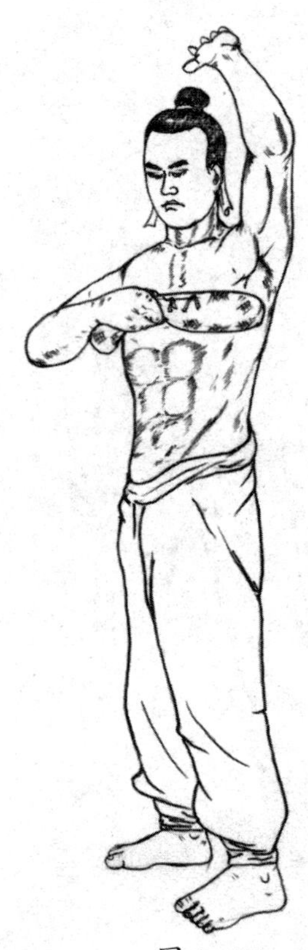

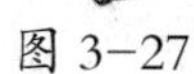

图 3-27

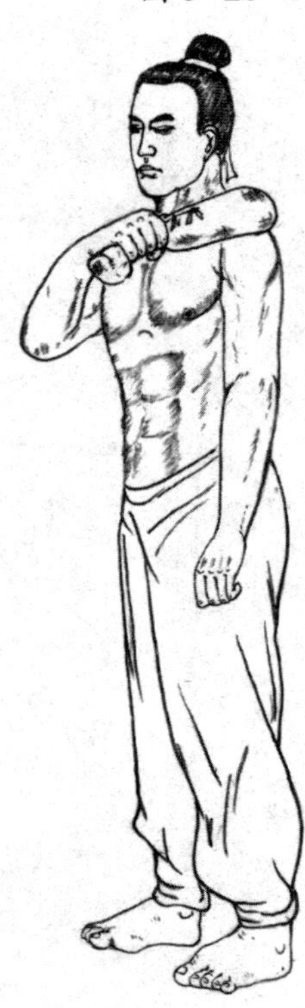

图 3-28

第六节 九至十二月行功法

当行功过 200 天以后，前胸气满充盈，任脉通畅，这就要运功于后脊，以充督脉。以前的揉打到达肩颈，现在就自肩颈仍用前面的打法，并兼用揉法，绕至脑后，从枕部开始，沿脊椎下夹脊，直至尾闾，挨次扑打。打下去一遍，再从头来，不许由下向上倒打。中线脊椎的打法一定要从上往下，而不能倒打。但脊椎之处的软陷部位则可以随便捣打。

（1）童子揉脊图示。（图 3–29、图 3–30）

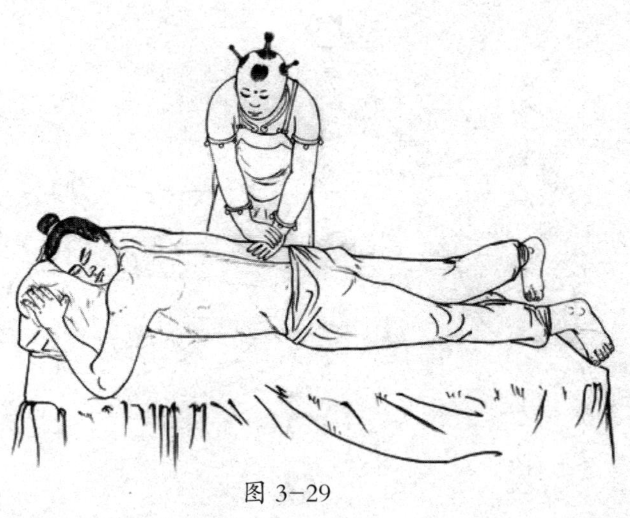

图 3–29

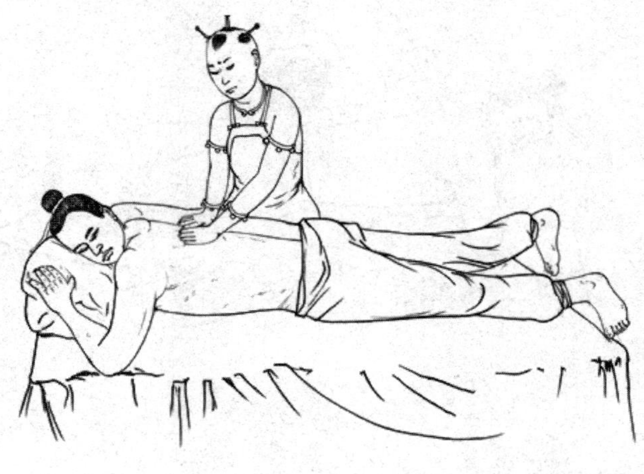

图 3–30

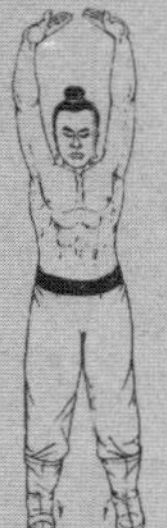

（2）童子用木杵捣打脊椎图示。（图 3–31）

（3）童子用石袋捣打脊椎图示。（图 3–32）

（4）自己手持石袋捣打脊椎法图示。（图 3–33 ～图 3–35）

背后的打法重在通督脉。每天也按早、中、晚三次进行，每次 2 ～ 3 小时。每次或上或下、或左或右地打完一遍后，就要用手搓一遍，如此再行 100 天，气满脊椎后，督脉即通畅，百病尽消。这里要记住和掌握的要领是：每打完一遍必用手搓揉一遍，令其肌肉、皮肤、血脉匀润，而无气滞血瘀等不良后果。

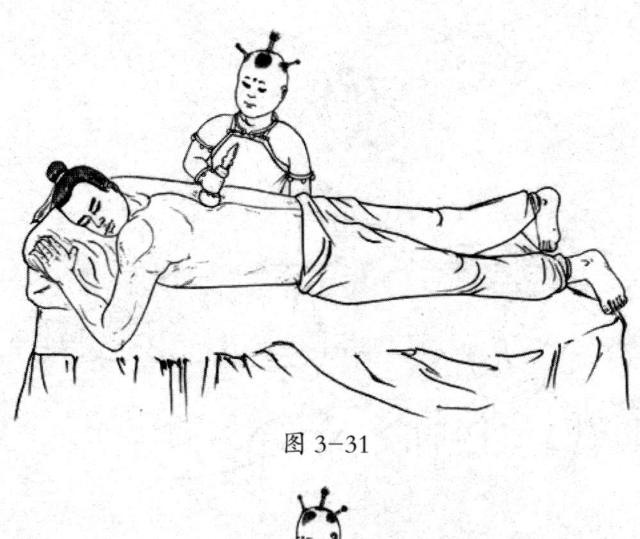

图 3–31

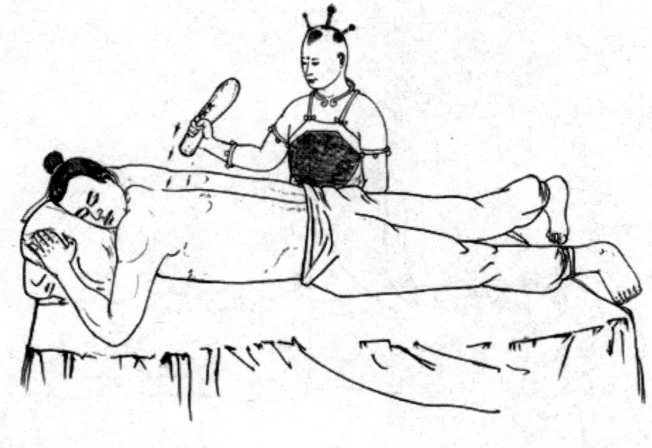

图 3–32

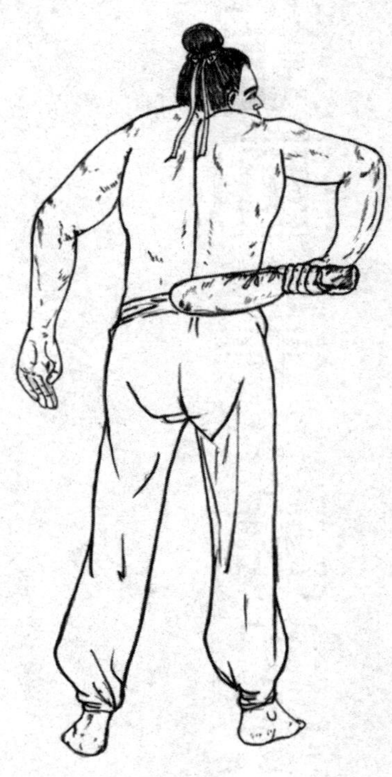

图 3–33

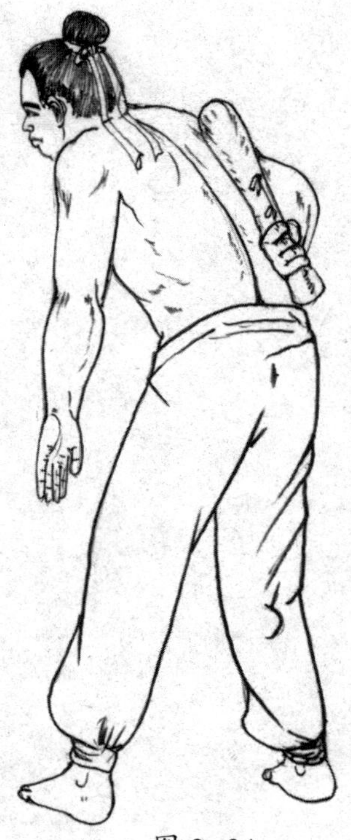

图 3–34

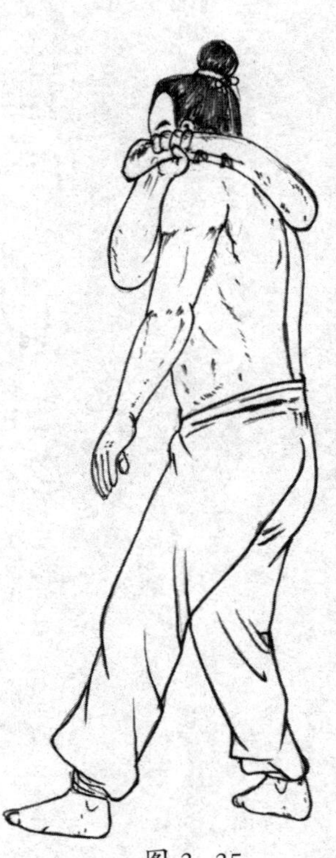

图 3–35

第四章　内外神勇功夫

第一节　内壮神勇

易筋经神勇之功，有内外之分，前面虽将它们各自的分量做了区别介绍，然而未及透彻，这里再讲明白。

前面所言前胸后背的打揉之功，是使气入骨内，使任、督二脉气满而流通，前后交接，形成循环。然而这还没有显现出力量，难以用于武技实战，因为气还没有到达手臂之上。所以此部功夫就是再在内壮上加力，完成神勇之力。

此部功法仍然是用石袋扑打。

（1）先从右臂开始，从肩部挨次打至中指之背；再从肩部打至大指之背；再从肩部打至食指之背；再按此法打至无名指背、小指之背。接下来，再从右肩里侧依次打至掌内大指、食指之梢；再转从肩外旋转打至掌内中指、无名指、小指之梢。（图 4-1 ～图 4-2）

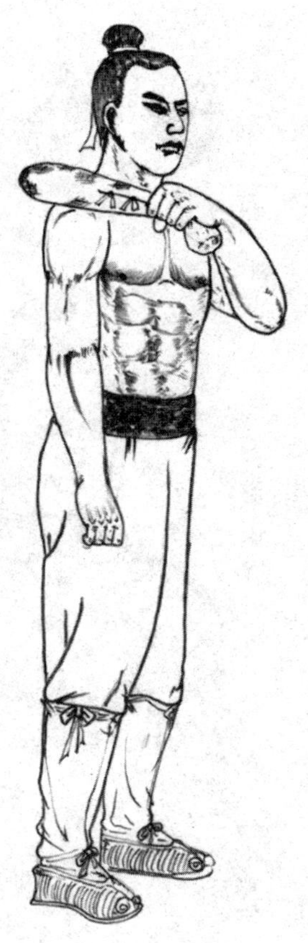

图 4-1

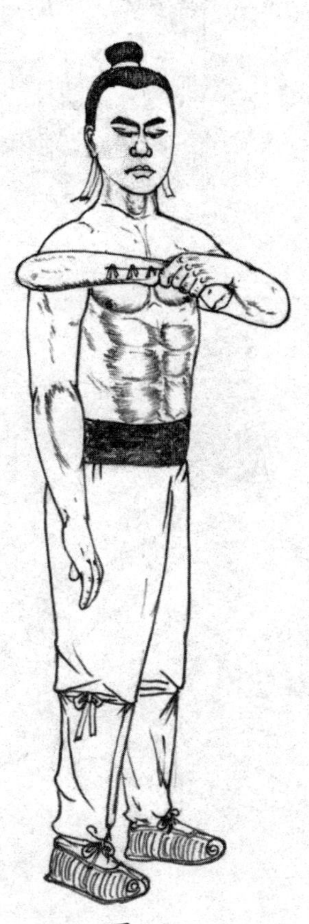

图 4-2

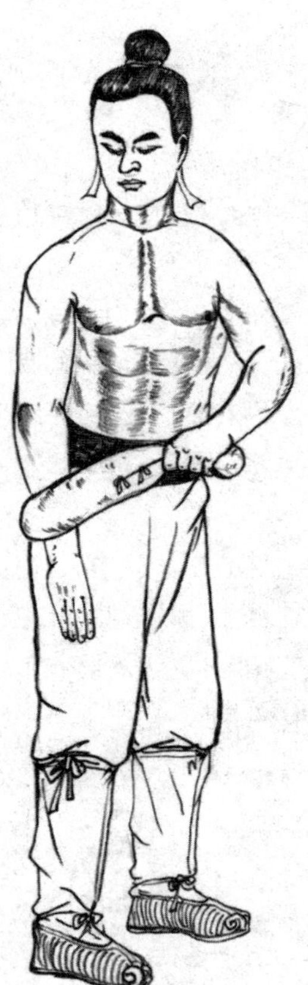

图 4-3

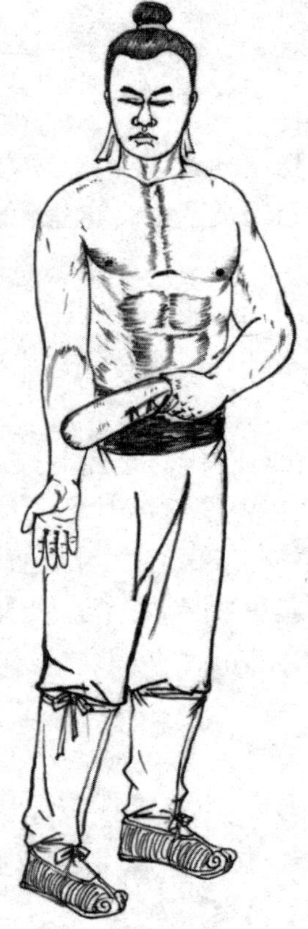

图 4-4

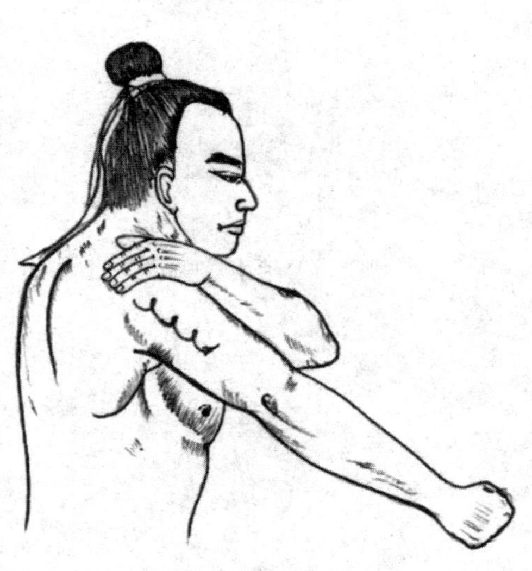

图 4-5

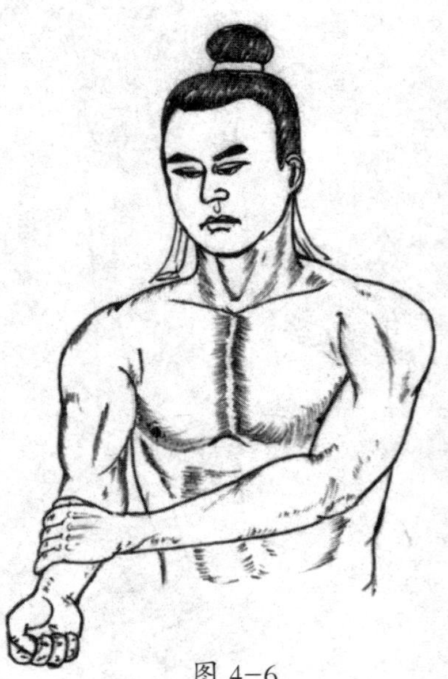

图 4-6

（2）右臂打毕，用左手将右臂由上到下、由外到内，处处揉搓，令气血匀和。（图 4-5、图 4-6）

每天早、中、晚行功 3 次，每次 2 小时左右。完功后可用药水烫洗，右臂功要练习 100 天，气才通透。

（3）后 100 天再做左臂功，方法要领与右臂功相同。（图 4-7 ~图 4-12）

两臂功需 200 天的揉打，才能从骨中生出神力。继续坚持修炼，则臂、腕、指、掌的功夫超乎寻常，令人惊奇，用意使力，手臂则硬如铁石。功夫高者，劲力神异，并拢剑指，可刺穿牛腹；侧掌劈下，可折断牛颈；举拳冲击，可击碎虎脑。

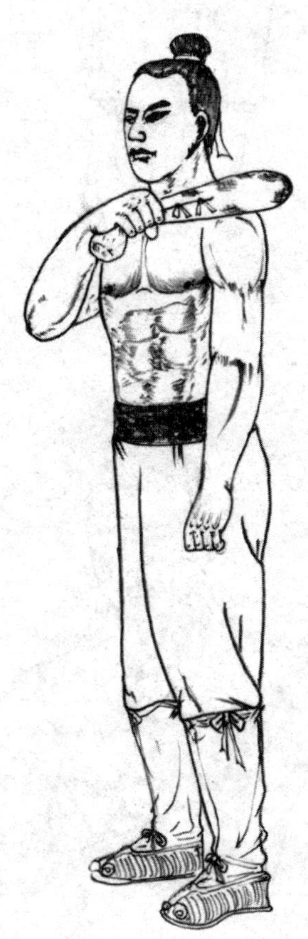

图 4-7

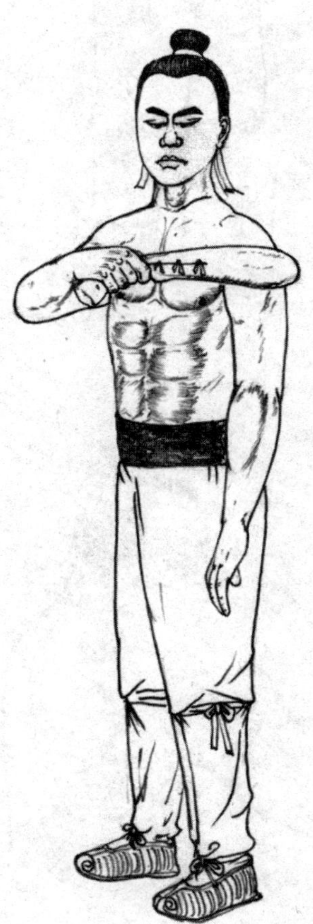

图 4-8

图 4-9

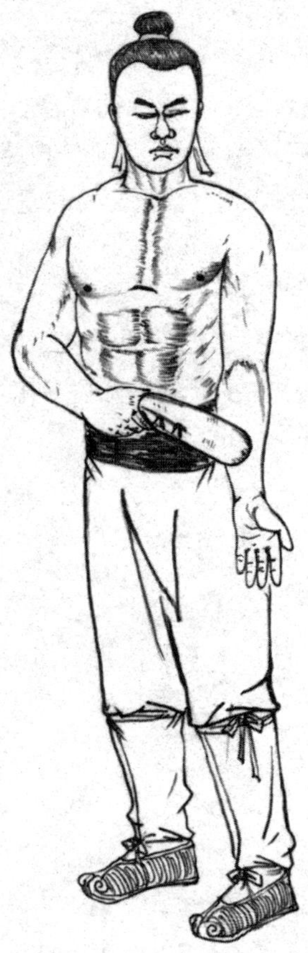

图 4-10

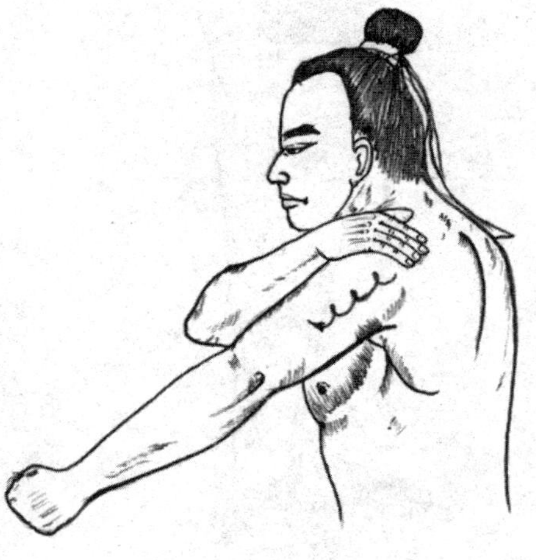

图 4-11

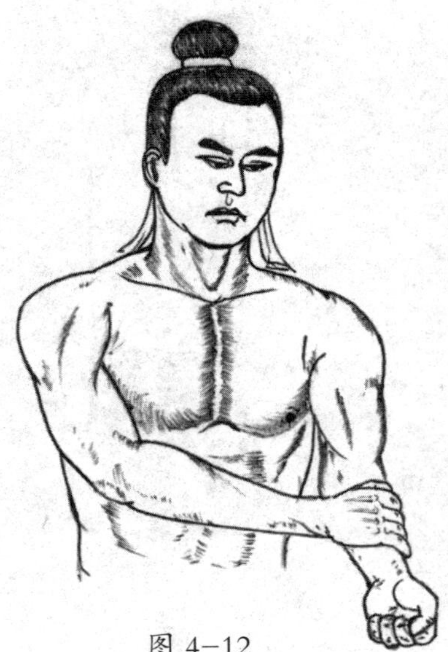

图 4-12

第二节 练手功

上述功毕，余下来的就是练手之功了。练功时要以意贯气，注劲于指节，是生力之法门。

（1）两掌互相按摩至发热为止。通过按摩，可以消除掌指筋骨的僵滞，加强掌指皮肉的柔软，有舒活气血等作用。（图 4–13 ～图 4–25）

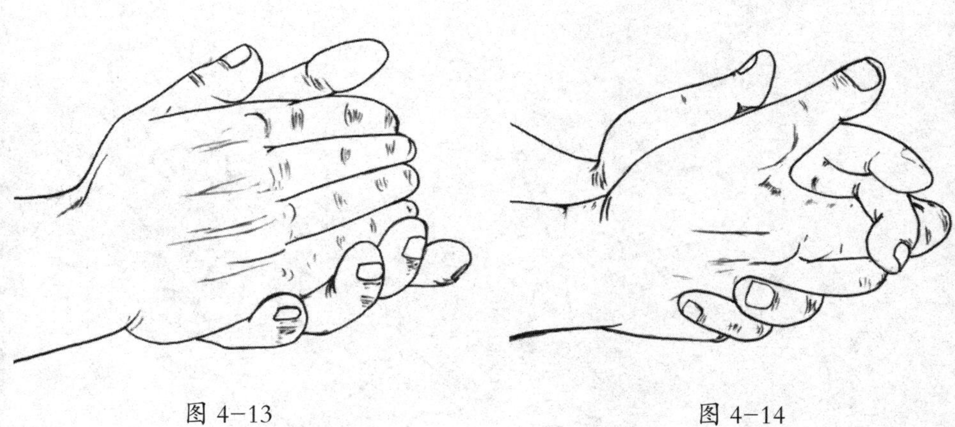

图 4–13　　图 4–14

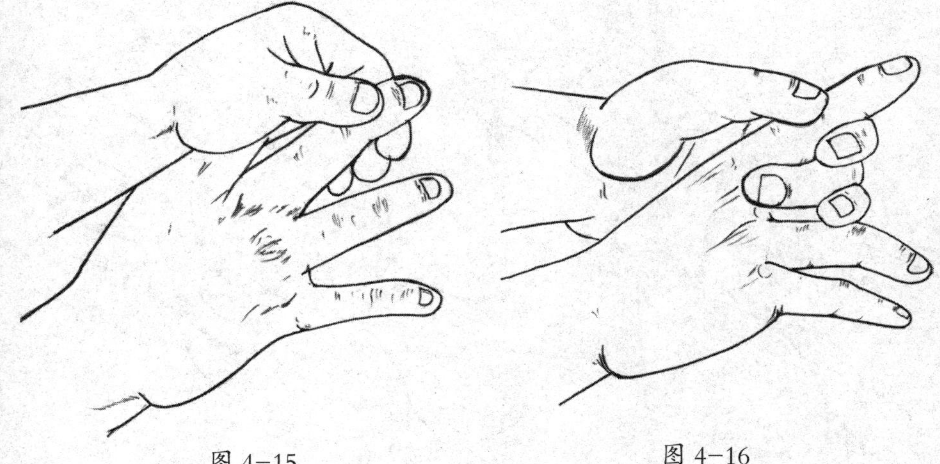

图 4–15　　图 4–16

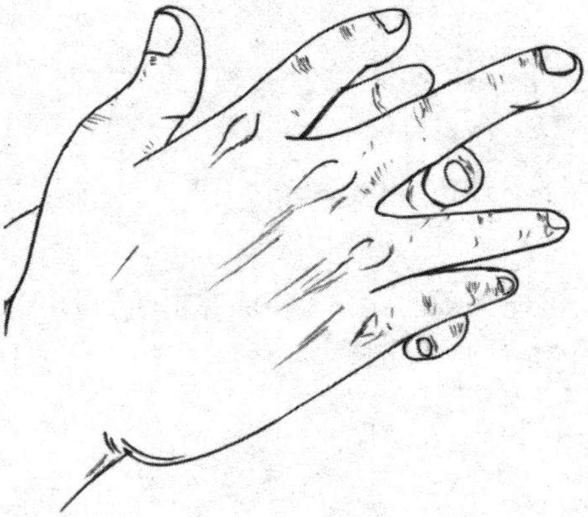

图 4-17

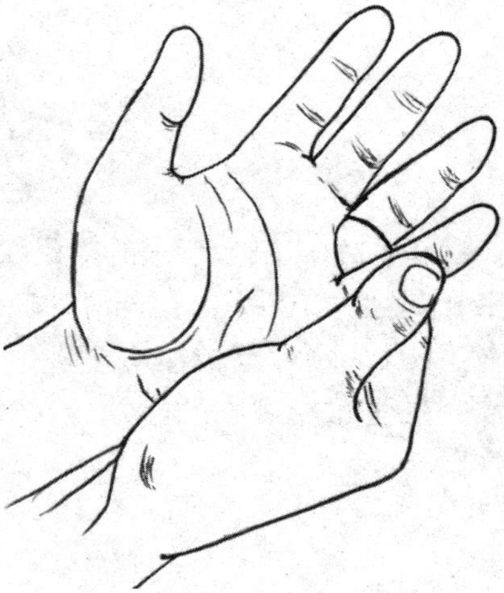

图 4-18

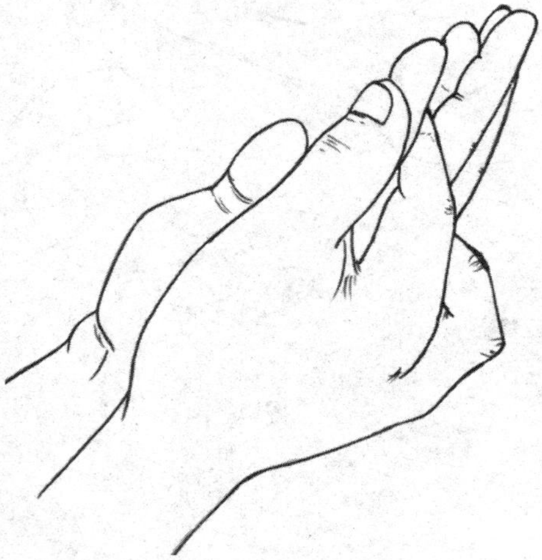

图 4-19

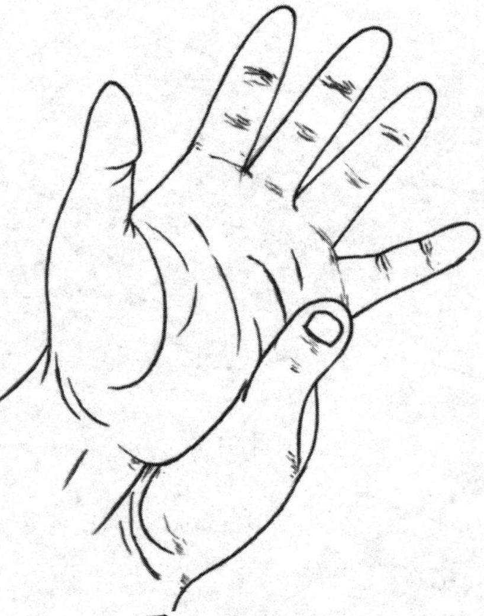

图 4-20

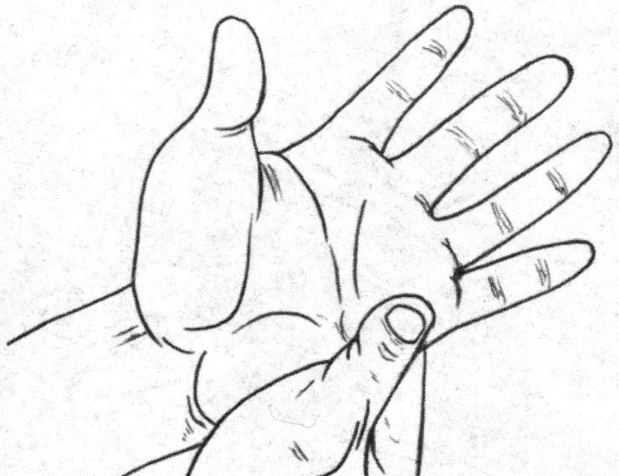

图 4-21

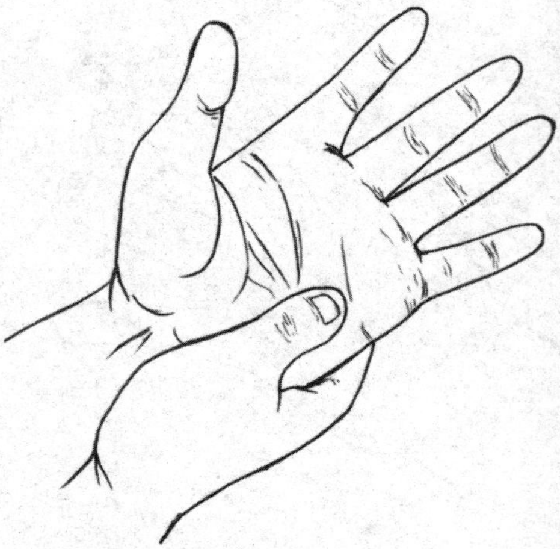

图 4-22

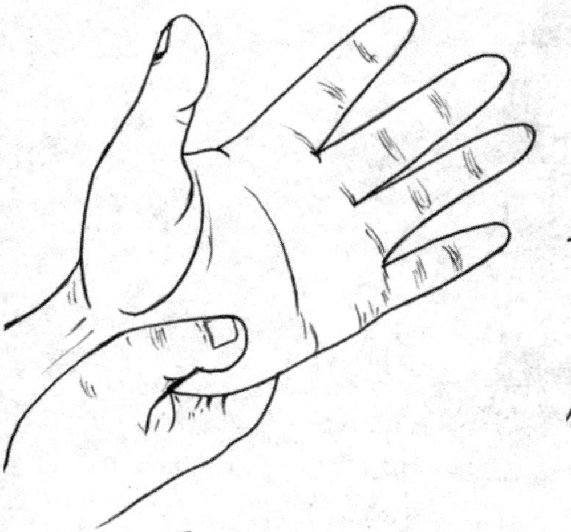

图 4-23

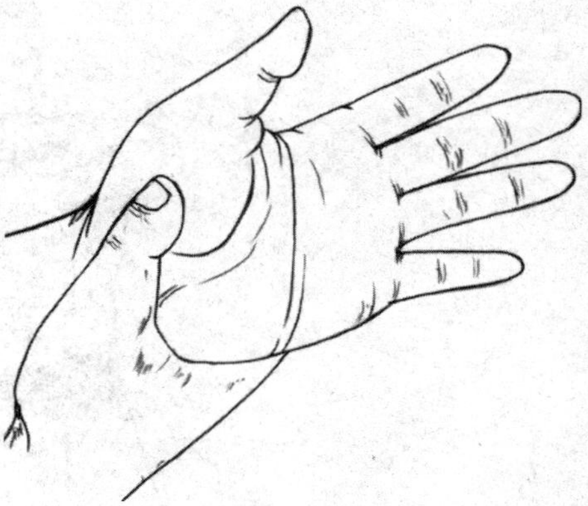

图 4-24

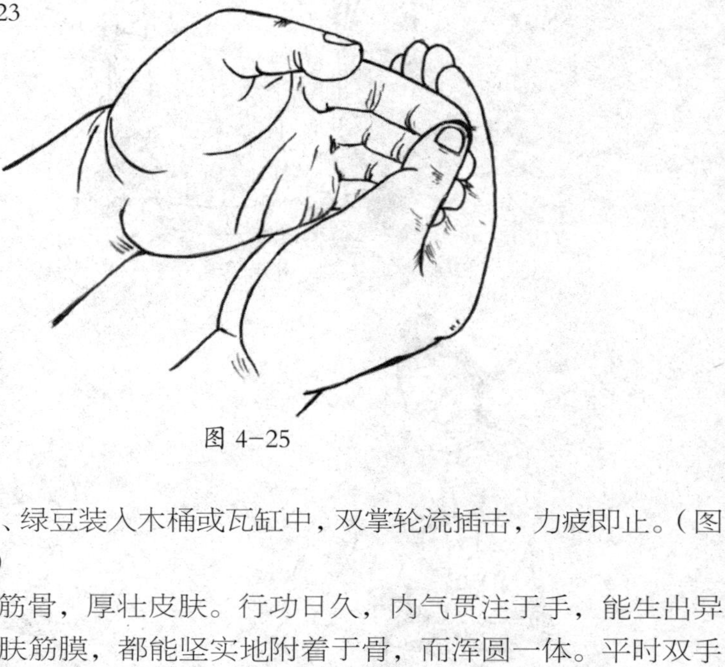

图 4-25

（2）把黑豆、绿豆装入木桶或瓦缸中，双掌轮流插击，力疲即止。（图4-26 ~图 4-28）

插豆能坚实筋骨，厚壮皮肤。行功日久，内气贯注于手，能生出异常勇力。这时皮肤筋膜，都能坚实地附着于骨，而浑圆一体。平时双手看起来与常人无异，一旦用意贯力，则坚硬有如铁石。一旦临敌，用掌击人，人莫能当，无不披靡。因为这种力是从骨中所生，与一般的外壮功夫有天壤之别。

内壮功夫与外壮功夫的区别，看人的双手就能分辨。内壮者，他的手上筋脉顺条，皮肤细腻，无筋暴起，一旦发力则沉实整重。外壮者，他的双手强壮、粗糙，甚而结茧，掌腕血脉暴起，筋韧盘节，像蚯蚓一般，如果发力，虽也刚猛，可惜后劲不足，缺乏灵变。这就是内壮功夫与外壮功夫的根本区别。

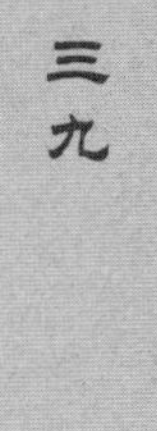

图 4-26

图 4-27

图 4-28

第三节　外壮神力八段锦

民间常有一些武林高手的传说，说某某人能手托城门铁闸，某某人能力扛千斤之鼎、空手搏虎，于河水中将舟拽拉至岸，于水中推船而行，于狂风中手扯大纛而步不移，于沟壑中扛舟而行等。这些事例，可以肯定地说不全是虚传妄说，武者的武功练到一定境界，必然是力大无穷，令人惊奇的。

一、提字诀

提即手提重物之意，共有五种练法。

（一）手提石锁

（1）用右手抓提起石锁，一般以 50 ~ 100 斤为度，马步桩蹲立，先提升至胸前，再降落至裆下。力乏时换手。（图 4–29、图 4–30）

图 4–29

图 4–30

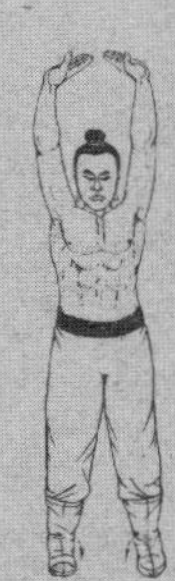

（2）换左手进行提升、降落。左右轮流练习，次数自定。（图4-31、图4-32）

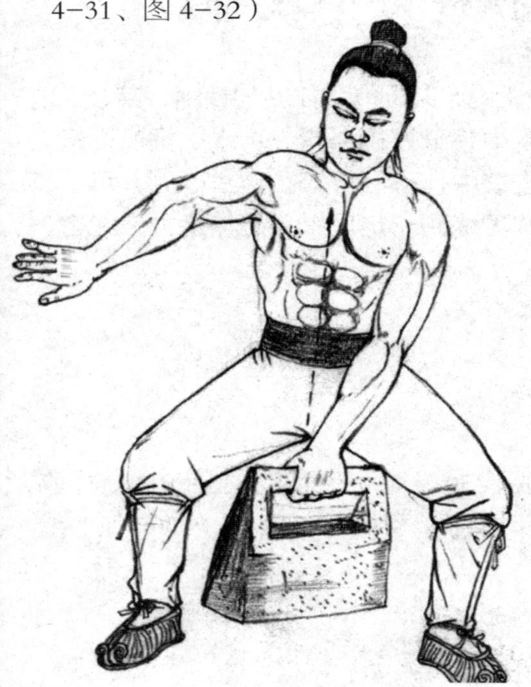

图 4-31

图 4-32

（二）提沙包

用帆布制成两个提袋，能盛50斤重的沙石即可。

练习者左右手各提一袋，开始从20斤起，先展臂而行；手疲乏时可以吊膀提袋。行走的速度由慢至快，每次练习至力乏不能坚持而止。（图4-33）

（三）提石担

制备石担数具，以100斤、150斤、200斤、250斤为度。

（1）两脚开立如肩宽，膝关节微屈；上身前俯，两手握杠，两手距离约与肩同宽。目视前下方。（图4-34）

图4-33

图4-34

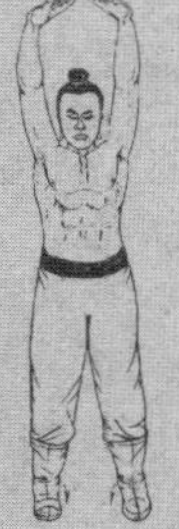

（2）开始上提时，两手要握紧，臀部及身体重心先下降一点，接着又抬起，同时依靠伸腿和伸腰的力量提起石担。横杠高过膝部以后，两臂要用力向上提，腰腿更要用力，脚跟也可稍提起；横杠快提升到胸前时，两腿稍微下蹲，两肘臂向上抬平。(图 4−35、图 4−36)

保持一会，放下，呼气，然后重复提放动作，力乏时可稍作休息。每天必须记住提放次数，每 10 天增加 5 次，也可视自己体力而行。记住一点，循序渐进，不可急于求成。

图 4−35

图 4−36

（四）提千斤

以青砂石凿成圆锥形，上削下广，其底之直径约 21 厘米，小者 10 斤，最大者 60 斤。

练者用拇、食、中三指，捏住其尖锐端。捏时食、中二指在外，拇指在内，指尖皆向下。圆锥石之顶，约居食、中二指之第三节，不可抵住手心，捏住之后 ，即向上提起。（图 4–37 ～图 4–39）

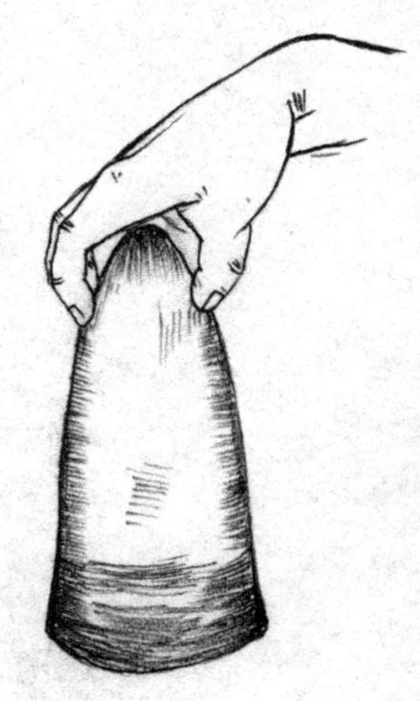

图 4–37

在入手之初，欲以三指竖提 10 余斤之物，已是很难的事，何况是这种石圆锥，尖锐底广，四周平削，毫无可以借力之处，其难度是可想而知的。所以，开初势必不能应手提起，甚且不可动摇，非经过半年或一年之苦功不可。即使能将石圆锥提起之后，又须练习持久，否则一提起即放下，功劲亦至限。故提起之后，宜环场而走，初时数步即脱手，功夫渐深，则愈能持久，由数步而数十步，由数十步而数百步，以至于能手提石圆锥，绕场走数十匝，亦不脱手，则可另易较重之石圆锥，依法练习。

图 4–38

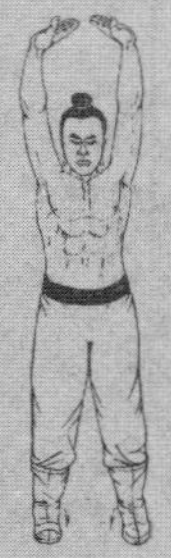

图 4-39

但重量的增加，不宜骤多，每更换时，以加重 3 斤为宜，最多不得超过 5 斤。因为骤然增加重量以后，行功上必然发生极大之阻碍，而且影响于全身，甚至受伤。故练功应循序而进，至能以拇、食、中三指，捏 50 ~ 60 斤的石圆锥，而任意提之持久，在两个小时以上者，则功夫已登峰造极，捏人致其伤，捏物可洞穿。

（五）提坛

（1）预备一个小口大肚酒坛，坛口直径以爪抓坛口感觉自适为度，然后再装入河沙，或铁砂，或小石子等。重量需视各人指力而定，以抓提不勉强为度。（图 4-40）

图 4-40

（2）将坛置于身体正前地面，两足分开屈膝下蹲成马步桩，双拳抱于腰际。先练右手时，右爪伸出，五指紧缩，紧扣坛口。（图 4-41）

（3）劲意贯爪（即思想集中于五指爪尖），吸气，同时缓缓将坛垂直上提，肘

腕微屈，提至肩平为度。（图 4-42）

稍停，然后呼气，并将坛垂直向下缓缓放回原位。再换左爪，依上法练习。如此循环，乏力即停，稍作休息再练。

为了能够继续增力，为了能够驭力自如，除渐渐把坛适度加重外，练功方法也有变异，即把上下垂直提放变为侧提横行，或成圈旋转。

图 4-41

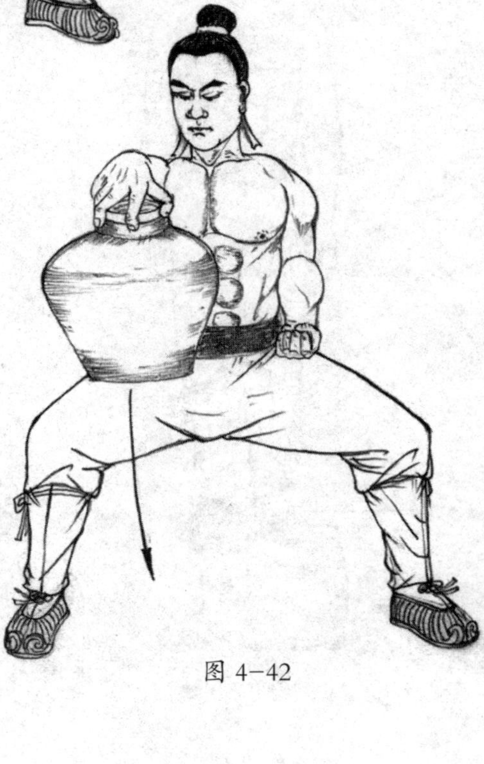

图 4-42

二、举字诀

举即手举重物之意。练习方法主要有单手举石锁、双手举石担两种。

（一）单手举石锁

石锁分别备置30斤、40斤、50斤、60斤各一个，练习时，随自身功力增加而变更石锁重量。

（1）面向石锁站立，调匀呼吸，全身聚力。（图4-43）

（2）右脚向右开立一步，两腿屈膝蹲成马步；右手手心向里提握石锁于胯下。（图4-44）

（3）右手翻腕屈臂用力将石锁举于右肩前。（图4-45）

（4）两腿蹬地伸直；同时，右臂向上伸举石锁于头顶上方。（图4-46）

然后，屈臂收举于右肩前，再上举。反复练习，至力乏之后换左手练习，左右手方法相同。

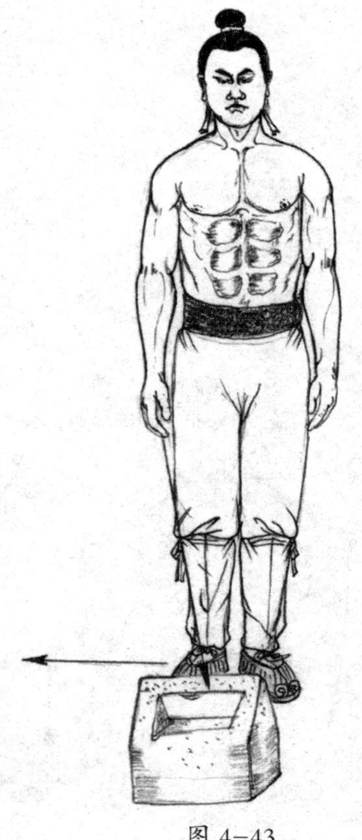

图4-43

图4-44

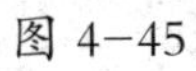
图 4-45

图 4-46

（二）双手举石担

石担的备置与石锁相似，只是重量是石锁的两倍甚至还多：从 60 斤开始，至 200 斤不等。

1. 推举

（1）两脚开立同肩宽，膝关节微屈，然后屈腕，上身前俯，两手握杠，两手距离约与肩同宽。（图 4-47）

（2）两手握紧，臀部及身体重心先下降一点，接着又抬起；同时依靠伸腿和伸腰的力量提起石担。横杠高过膝部以后，两臂要用力向上提，腰腿更要用力，脚跟也可稍提起。（图 4-48）

（3）横杠快提升到胸前时，两腿稍微下蹲，同时向上翻转手腕，两肘也转到石担下面，停于胸部，使手掌承受石担重量。（图 4-49）

（4）紧接着伸直两腿，两脚踏地。（图 4-50）

（5）集中全身力量，两手臂用力垂直地向上做推举动作。上举到前

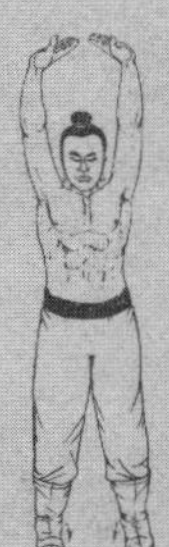

图 4-47

图 4-48

图 4-49

图 4-50

额水平时，可借腰部的力量（腹部稍挺出）上伸两臂至完全伸直。（图4−51）

向下放时，先要屈臂放在胸上，两腿稍微下蹲，然后向下翻转手腕，放下石担。

【要点】

（1）在准备握杠前做 3 次深呼吸；握杠上提时吸气，石担压在胸上时短促呼吸一次；闭气举起石担；推举放下时呼气。

（2）握杠时，不要站得太远，要垂直地贴身上提。上举时也要直线上举，两手用力要平均。

（3）翻转至胸上后、从胸部向上推举时，握杠的方法可改为拇指贴着食指，每只手 5 个指头都并列在一起。

2. 挺举

（1）两脚开立同肩宽，膝关节微屈，然后屈腕，上身前俯，两手握杠，两手距离约与肩同宽。（图 4−52）

图 4−51　　图 4−52

（2）先用弓步势或马步的下蹲方法，提起石担放到胸上。（图4-53 ~图 4-56）

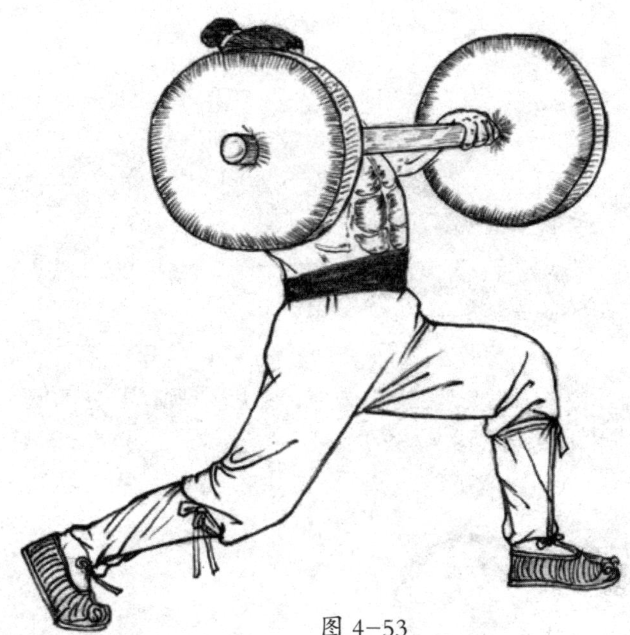

图 4-53

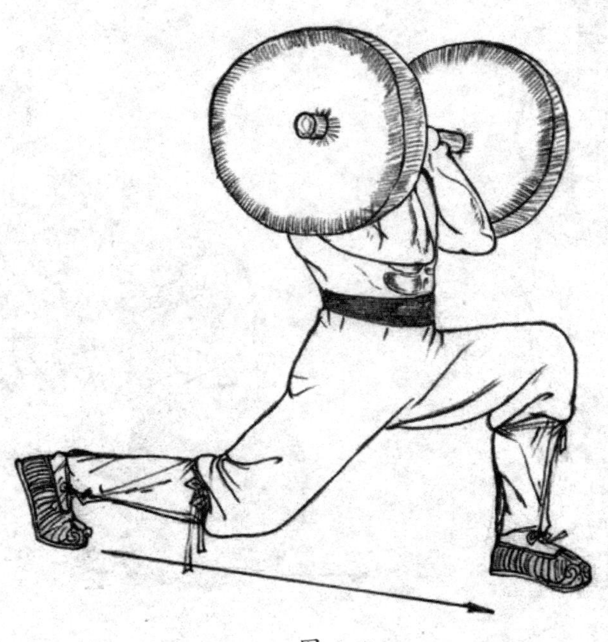

图 4-54

图 4-55

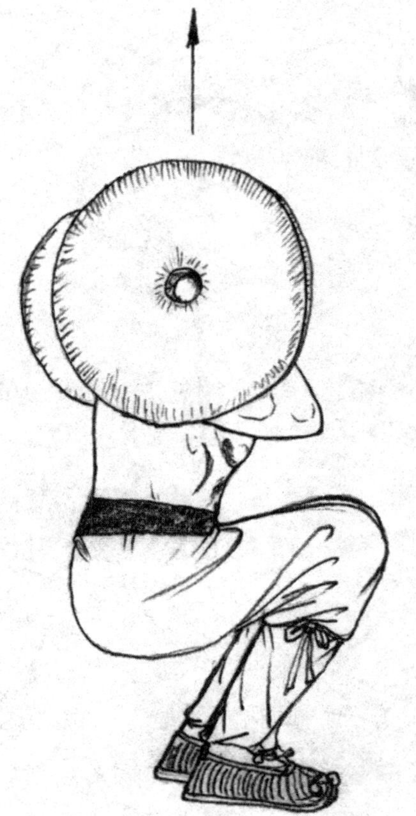

图 4-56

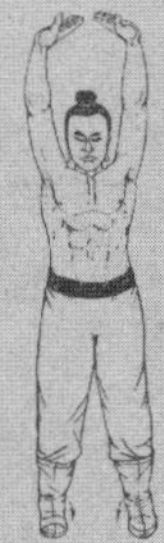

（3）起立后再用弓步或马步的下蹲方法从胸上挺举起石担。（图4-57、图4-58）

（4）随后起立，全身伸直，两脚站稳。（图4-59）

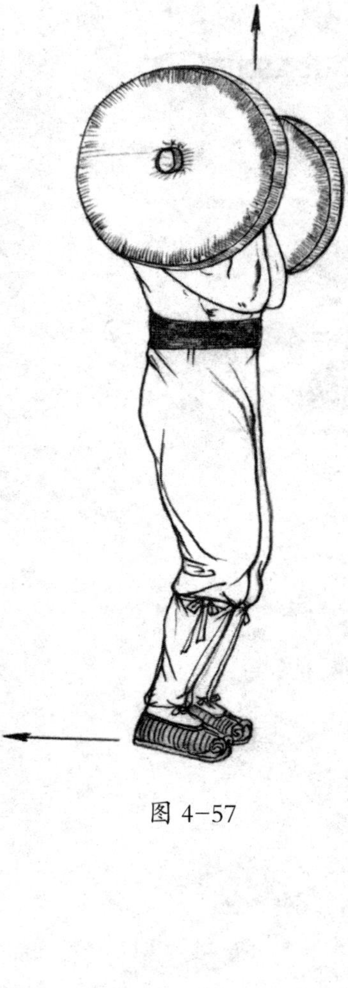

图 4-57

图 4-59

图 4-58

【要点】

（1）上提前先做深呼吸，吸气后闭气把石担提到胸上；随后在上挺前做一次短呼吸，吸气后闭气挺起石担；放下时呼气。

（2）上挺时上身不要太向后仰，下蹲时也不要太低。从头上放回至胸上时，稍微屈膝，以减小石担的冲击力。

练习推举和挺举可增强手臂爆发力，并能增强弓步和马步的稳定和腿部力量。

3. 抓举

这种举法技巧性较大，对武术的发劲、爆发力训练效果较佳。

（1）两脚开立如肩宽，膝关节微屈，然后屈腕，上身前俯，两手握杠，两手距离约宽于肩。（图 4–60）

（2）横杠提到大腿以上时要借挺身耸肩、提肘、抬头、提起脚跟这一系列联合动作，用爆发力迅猛地将石担抓起。（图 4–61、图 4–62）

图 4–60

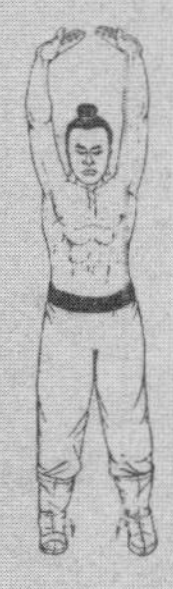

图 4-61 　　图 4-62

（3）高过头顶时，手腕向上翻转，两臂伸直。在上抓的同时两腿要迅速前后分开，屈膝下蹲，后腿略弯屈，脚跟提起，用脚前掌撑地。（图 4-63）

（4）下蹲以后接着要起立，先伸后腿，再伸前腿；前脚后退半步，后脚再前移，成两脚左右开立如肩宽之势，手臂、腰腿都要伸直。（图 4-64、图 4-65）

最后放下。

【要点】

（1）抓举的时间很短，一般都是吸气后闭气抓举，放下石担时呼气。

（2）抓举时技巧性较大，一定要成直线上抓；下蹲时，上身要伸直，不要前弯；弓步下蹲时，前脚一定要踏出一步，不要在原地做弓步下蹲。

图 4-63

图 4-64

图 4-65

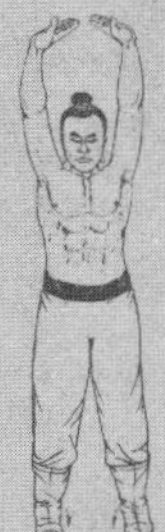

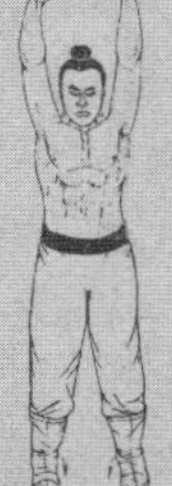

三、推字诀

推即手推重物之法，方法分推单砖、推双砖、推石担、推石球、推条石等多种。

（一）推单砖

（1）两手各持砖一块（或者一手抓握两块砖），屈肘置于胸前两侧，手心向上；两脚开立蹲成马步桩，挺胸塌腰，气沉丹田。（图 4-66）

（2）左右手交替向前上推，反复进行。（图 4-67、图 4-68）

（二）推双砖

用四块砖头，质地不限，红砖、青砖、沙砖均可，以每块 4 ～ 6 斤重为宜。初始可用四块半截砖，待功力增长后再用全砖，但得记住一条：一手抓住两块砖，完全靠指力固定，不能用任何绳线将其捆绑固定。切记！

1. 预备势

两脚开步直立，与肩同宽，全身自然挺直；两手各钳住两块砖，下垂于左右体侧，手心向下，虎口向前；然后做深呼吸，逆腹式呼吸 24 次。（图 4-69）

图 4-66　　图 4-67

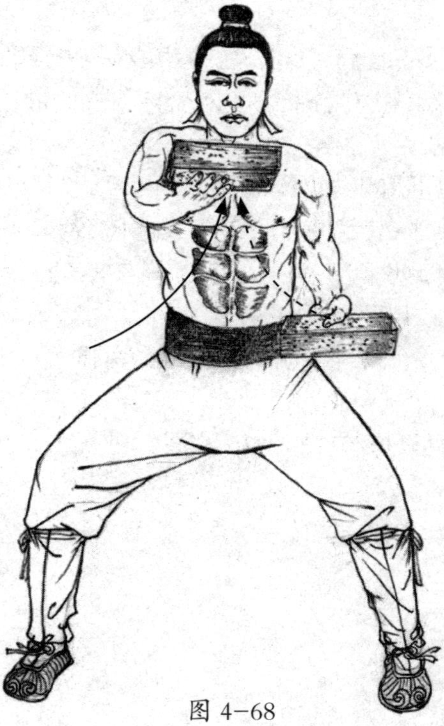

图 4-68

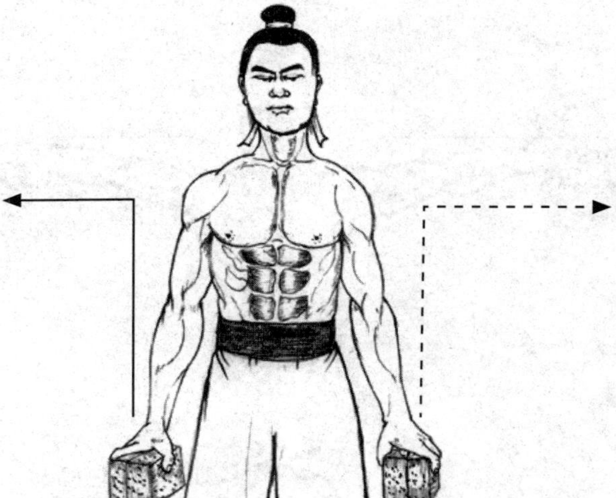

图 4-69

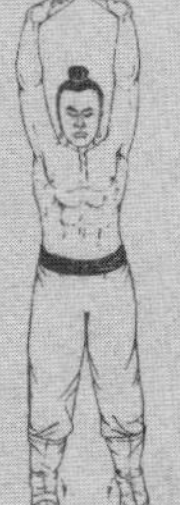

2. 马步势

（1）左脚侧开半步，上体下沉，屈膝蹲成马步；同时，配合鼻吸气，两手钳住砖头从体侧缓缓屈臂提至肩前，继左右伸展成一字平肩，手心向下，此时气刚好吸满。（图 4–70）

（2）呼气，两臂屈肘向内收拢；吸气，两手同时缓缓向正前方推出，高与肩平，手心向前；在双臂伸直时，闭息略停数秒。（图 4–71）

（3）呼气，将两手收回；闭息，肘、肩部不动，两前臂向外张开，手心向前，略停数秒。（图 4–72）

（4）呼气，继之吸气，两手向内合拢，再向左右展开如图 4–69 ~ 图 4–72。

此为一遍，照此反复操练 12 ~ 36 遍后，进入下一势练习。

图 4–70

图 4-71

图 4-72

3. 弓步势

（1）承接上势， 上体左转，下盘成左弓步；两手钳砖收抱于两腰际，手心向内。（图 4-73）

（2）调匀呼吸后，两手内翻将砖竖起，向左前方缓缓推出至臂直，同时鼻吸气，两手虎口向上。（图 4-74）

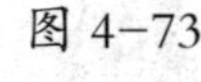

图 4-73

图 4-74

（3）将手收回腰际，上体右转成右弓步，用鼻呼气，调匀呼吸。（图 4–75）

（4）两手内翻将砖竖起，向右前方缓缓推出至臂直，同时鼻吸气，两手虎口向上。（图 4–76）

图 4–75

图 4–76

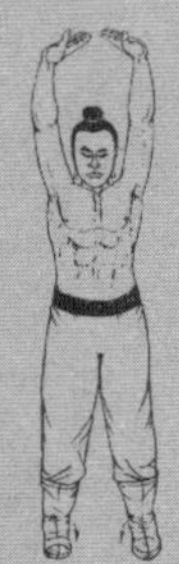

（5）上体左转成左弓步，两手收回。然后，左手伸臂，右手钳砖停于左上臂内侧，随即呼气。（图 4–77）

（6）身体右转成右弓步，右手钳砖向右前方推出，左手钳砖向右收停于右上臂内侧。（图 4–78）

如此反复操练 12 ~ 36 遍后，进入下一势练习。

图 4–77

图 4–78

4. 打躬势

（1）承接上势，左脚内收伸膝直立，两脚开立与肩同宽；同时，两手钳砖向左右平展臂，砖竖立，虎口向上，调匀呼吸。（图 4–79）

（2）身体前俯，两手钳砖向左右略分开，高与踝齐，手心向下，臂伸直，两膝挺直，俯身，头约至膝部前上方时而止。略停数秒。（图 4–80）

继起身成图 4–79 势，照此反复操练 12 ～ 36 遍后，进入下一势练习。

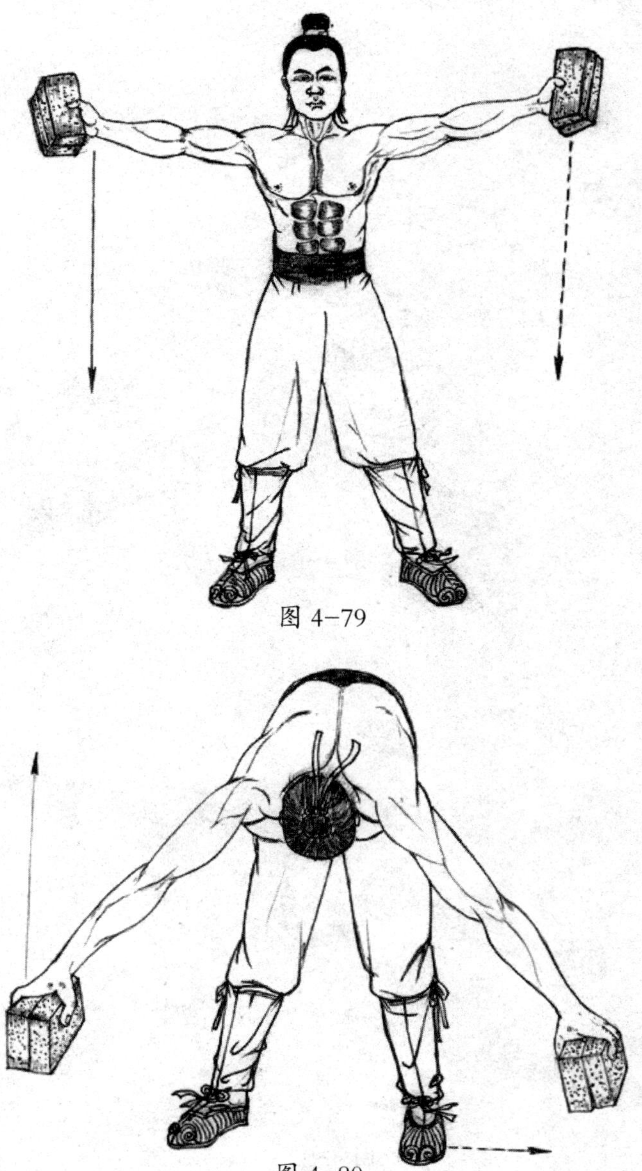

图 4–79

图 4–80

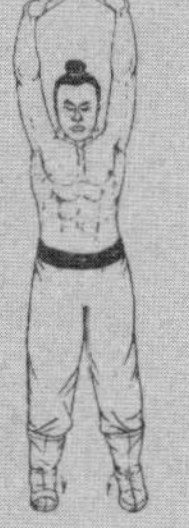

5. 仆步势

（1）承接上势，身体起立后左脚侧开一步，重心右移，屈膝下沉成左仆步；同时，两手钳砖成手心向上，向左右推移，左下右上，至两臂伸直为止。（图 4–81）

（2）重心左移，伸右腿成右仆步；同时，两手钳砖内收随仆步之势再向左右伸推，手心向上，呼吸自然。（图 4–82）

（3）右脚内收一步，抬身直立；同时，两手钳砖向头顶上举，手心向下。略停数秒。（图 4–83）

练至此处，即为一遍完，然后反复操练 12 ～ 36 遍为止。

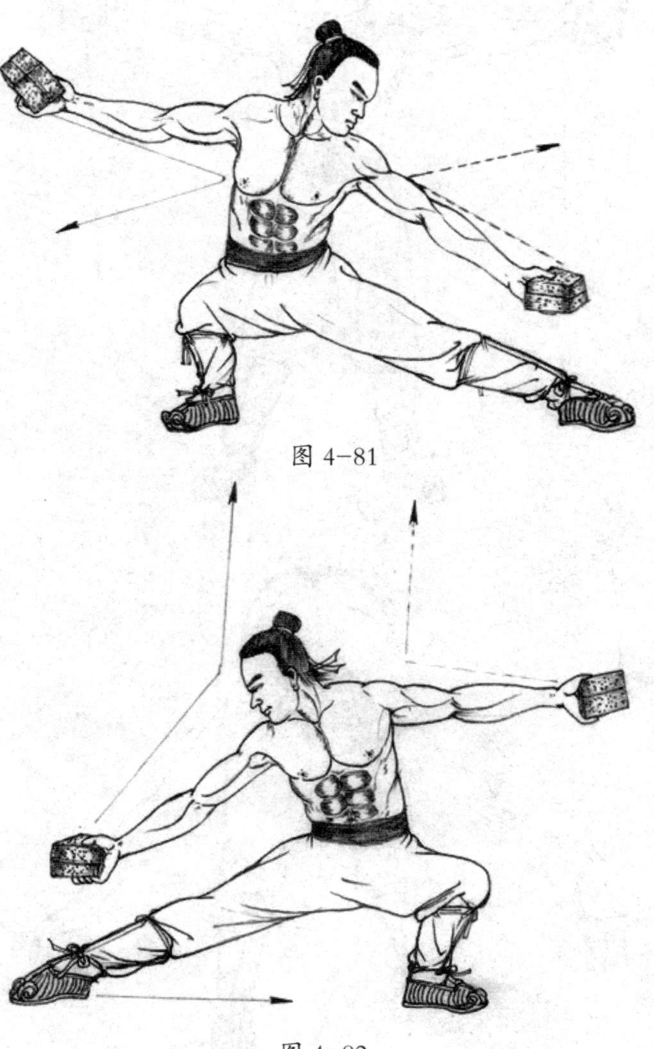

图 4–81

图 4–82

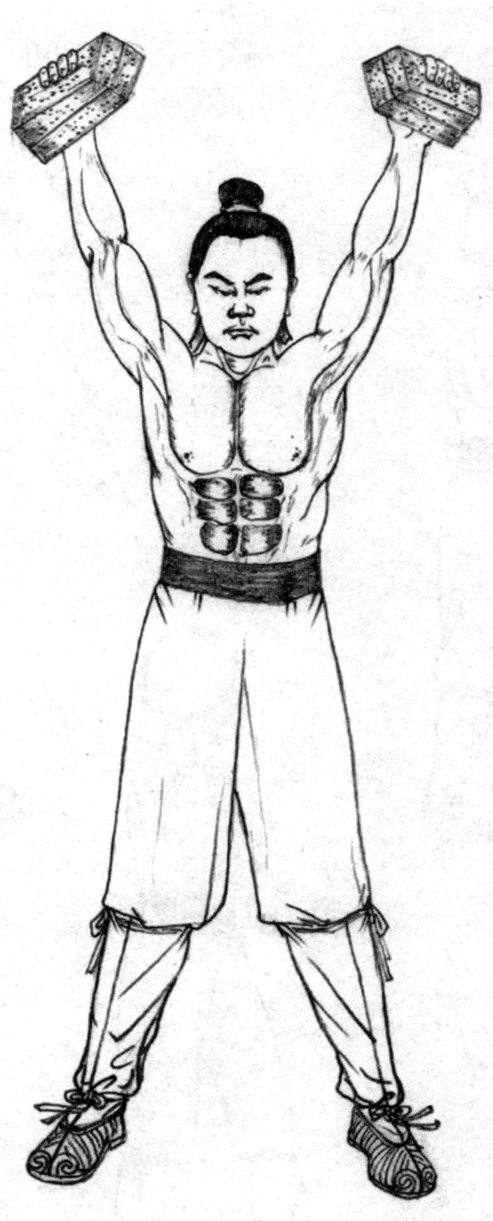

图 4-83

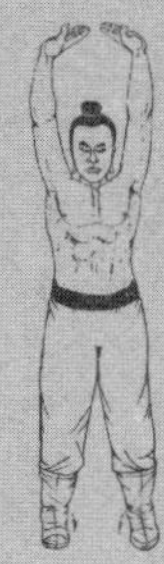

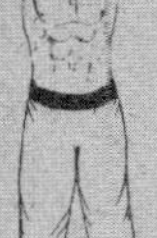

（三）推石担

（1）双手握杠将石担提起，屈臂举于胸前。（图 4–84）

（2）两臂伸直前推，高与肩平，至两臂伸直。（图 4–85）

（3）收回屈臂于胸前。（图 4–86）

反复推出、收回，直至力乏不能坚持，放下石担休息。

练习时，身体不可摇晃，完全以两臂着力一收一推。

图 4–84

图 4–85

图 4–86

（四）推石球

石球为青石凿制而成，小的五六百斤，大的千余斤。

练习方法是：将石球放在宽广的操场土坪上，练习者靠近石球站好马步（或弓步），用掌按住石球向前推动，跟步前移，绕场而行。（图4-87）

图 4-87

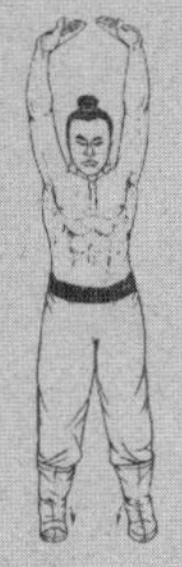

（五）推巨石

将一块重 150 ~ 200 斤的长方体青石放置在一平台上，练习者弓步与石相距一尺半站立，然后用双掌（或单掌）按住方石的一面，双臂发抖劲平推石面。（图 4–88）

推的时候，掌不离石面，全靠肩、肘、腕力量，不要将身体前倾，以体重压石。开始时石块不会移动，但日久自见功效，如能将石一推即滑出丈外，可再加重石块，继续练习。以后陆续加重，直至 500 斤为止，则第一步功成。

以后练猝劲，方法是掌离石面几米，然后迅疾进步，同时运用全臂之劲，猛力用掌击（推）石。如此每天练若干次，直至力疲为止。如能练到将 500 斤巨石应掌而出，则此功练成。

图 4–88

四、拉字诀

拉，即手拉重物之意。练习的方法有多种，除传统的手拉石轱辘、树干、竹弓、橡皮筋等外，现在可以练习拉力器，目的都是增强手的拉拽力量。

（一）左右开弓势

此为传统练法，备置硬弓数具，以供练习者选用。

左手握弓把，右手拇、食、中三指扣住弓弦，右脚退步成弓步，上体左转，左臂向左斜上举伸直。接着，上体右倾，右手用力拉弓弦，直至弓如满月。（图 4-89）

反复练习上述动作，直至力乏。稍作休息后，左右换手练习。

图 4-89

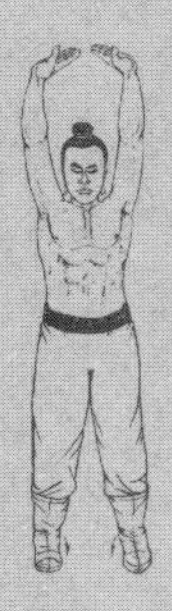

（二）大雁舒翅势

选一处有两根相距约 3.5 米的楠竹（或柏树，具有弹性，直径在 7 ~ 10 厘米）的地方，于两楠竹 3 米以上高度处各固定一根坚实绳索，绳的另一端固定一手柄，绳长约 1 米。

（1）练习者开步立于两根楠竹中间，双臂展开，各握一手柄，自然呼吸。（图 4−90）

图 4−90

（2）吸气闭住，全身聚力于双手臂，两手向小腹前合拢，至两拳心相触。（图 4−91）

图 4−91

然后缓缓松开，再向下合拢，反复进行，直至力乏。稍作休息后，继续练习。

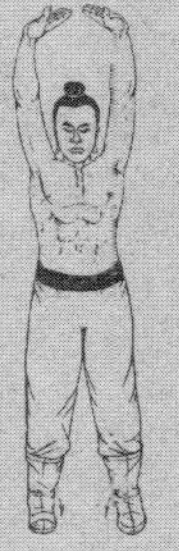

（三）牯牛奔缰势

地面备置一块平滑的方体青石，重量在300斤以上，在石上凿一鼻洞，固定一根麻绳，长度在3米左右。

（1）练习者马步侧身对石站立，右手抓住绳的一端，直臂将绳索绷直。（图4-92）

（2）全身聚力，右手屈臂内收，向胸前拉拢，尽量拉动方石。（图4-93）

如能收臂将石拉动，可向后移动脚步，将石在地面拉着走。两手互换练习。

图 4-92

图 4-93

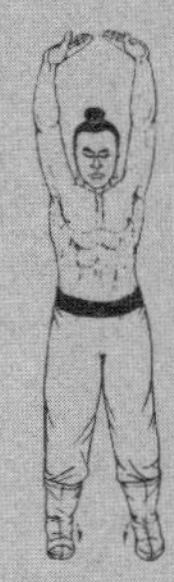

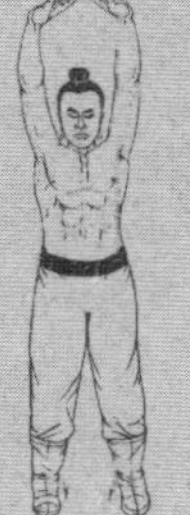

（四）展翅合翼势

（1）坐在两个拉力器中央的训练凳上，双手分别握住两侧低端滑轮的“D”形拉柄，掌心向前。向前挪动身体，使双臂略向后展，肘部略屈。（图 4–94）

（2）双臂向前、向上拉起，直到在胸前向前伸直。（图 4–95）

动作过程中向内旋转手腕，在最高点使虎口相对。保持上体正直，避免增加背部压力。稍停片刻，再返回起始姿势，如此重复练习。

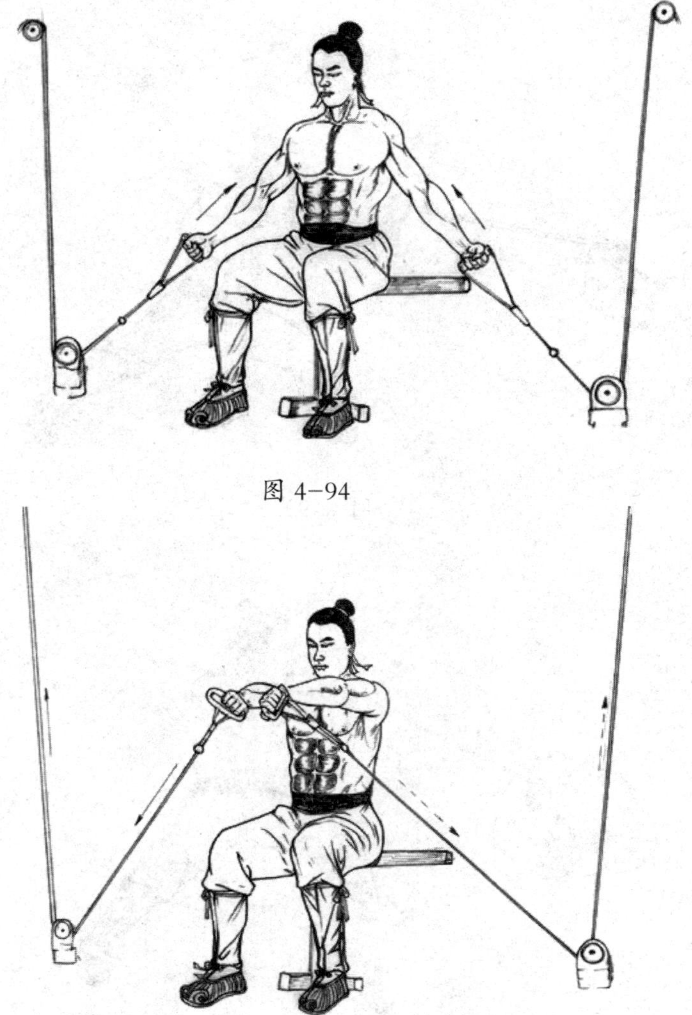

图 4–94

图 4–95

五、揪字诀

练习以掌、指、腕对物体的揪劲。民间有利用石笋、石锁进行揪抓等法来增强练习来增强两手的揪劲。

（一）揪石锁

以一手提起石锁旋转、松脱、再抓住的方法，并以次数的多少来衡量手劲。

（1）马步立于石锁前，先用右手抓提石锁于裆前，左手叉腰（或抱拳于腰际）。（图 4–96）

（2）右手抓锁猛上提，并旋转石锁，随即松手放开。（图 4–97）

（3）当石锁旋转下落的刹那间，右手迅速抓住。（图 4–98）

重复练习上述动作，直至力乏，换左手练习。

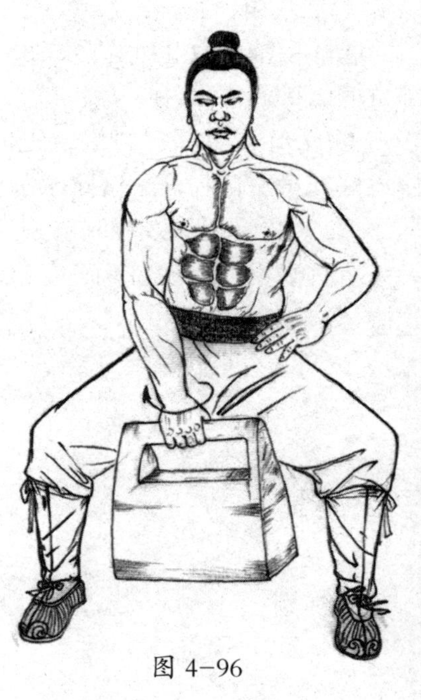

图 4–96

图 4–97

图 4–98

（二）揪竹子

选择手能握住的毛竹数根，1 ~ 1.2 米以上的部分用刀削去，留下一排竹桩供练习者使用。

（1）练习者面对竹桩，先伸出右手反握住（即虎口向下）竹桩上端，将竹桩向身右侧拉压。（图 4-99）

（2）右手用劲以顺时针方向揪动，直至竹竿破裂。（图 4-100）

左右手交替互换练习，每次以力乏为度。

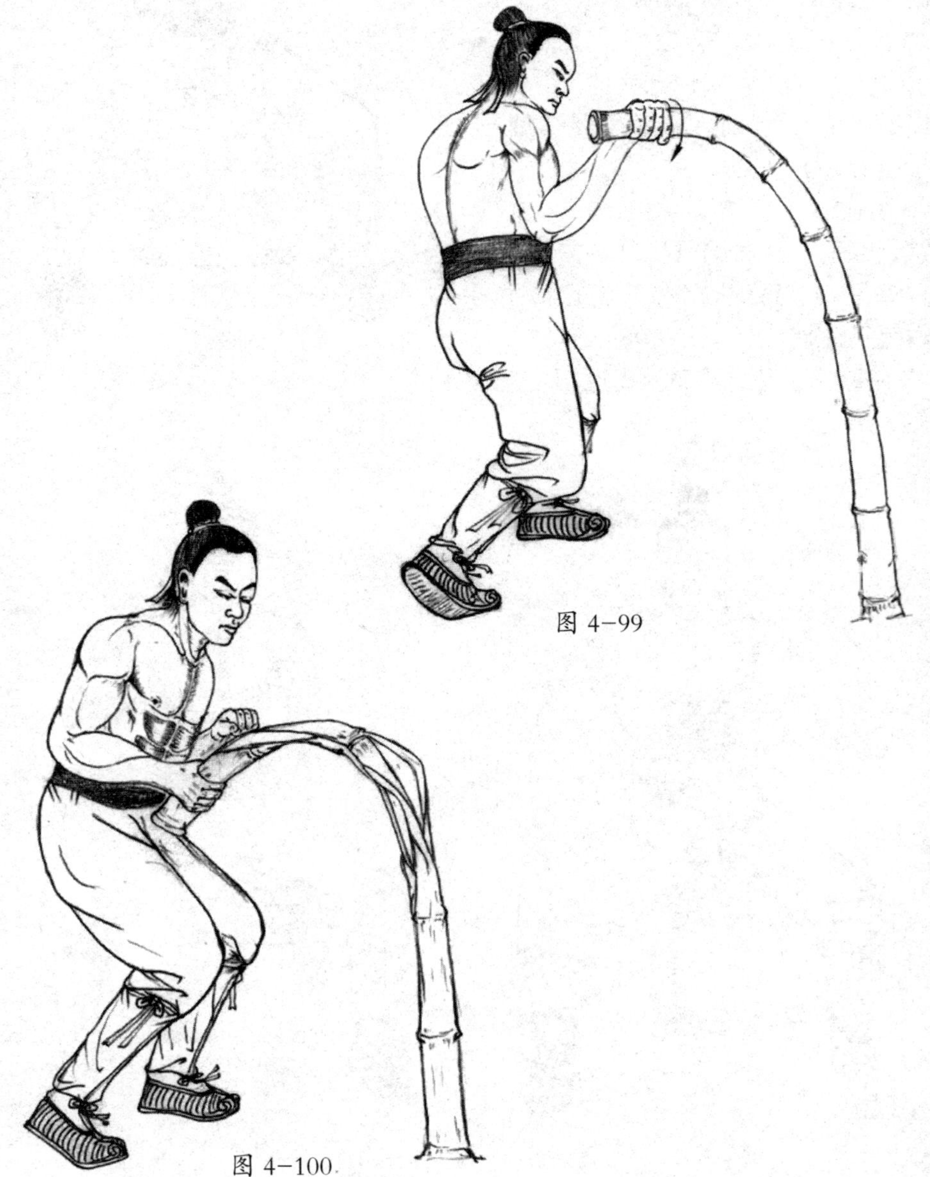

图 4-99

图 4-100

（三）揪木桩

用长约 1 米、直径约 15 厘米的木棒一根，打入地中约 1 米深，地面余约 0.1 米。练习者用左右手对木桩进行反复的揪扯，直至一手随意即将木桩揪出地面为止。（图 4–101）

图 4–101

六、按字诀

练习双掌及双臂的下按之劲。

练习方法：

（1）传统方法多用一个高的桁架，上穿两根粗绳（可用轴承以利滑动），一端固定 1 米余长的木棒一根（或单一绳套），另一端拴竹篓（或木箱）一个，内装石块。练习者以单手穿入绳套中（或双掌按木棒）下按，将竹筐升离地面，重量随功力的增加而加重。（图 4–102、图 4–103）

（2）另有一法是，用橡皮筋固定在一高架上，下端固定一横木，两掌扶横木下按之。每次练习以力乏为度。（图 4–104、图 4–105）

图 4–102

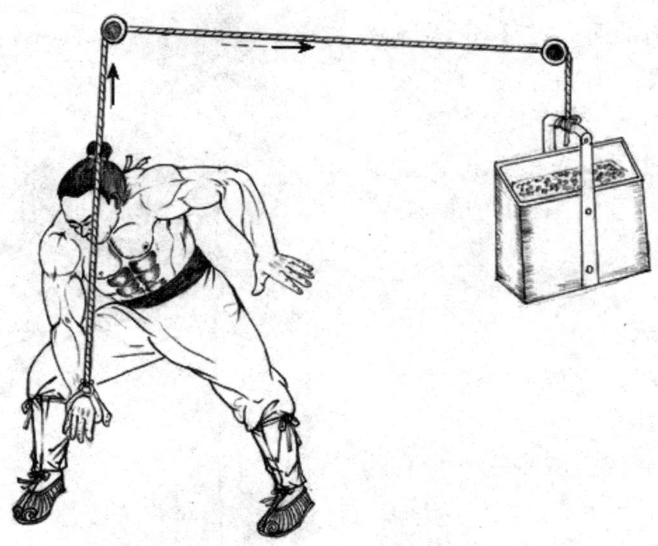

图 4-103

图 4-104

图 4-105

七、抓字诀

传统中多以抓提沙包为主，从单人抓接逐步进入双人抛扔接抓。

沙包的配置以 30 斤、60 斤、100 斤不等，单手抓以 30 斤为主，双手抓以 60 ～ 100 斤为准。

（一）单手抓法

预备势：练习者马步桩蹲立，沙包置于左腿侧，两掌按于大腿之上，亦可两掌合十。（图 4–106）

（1） 深吸一口气，下沉丹田，转身成左弓步，右手下伸抓起沙包。（图 4–107）

图 4–106

图 4–107

（2）右臂向左上方弧形提起，过头顶，随即翻腕将沙包沉至右小腿外侧（沙包不能落地），成右弓步。（图 4–108 ～图 4–110）

图 4–108

图 4–109

图 4–110

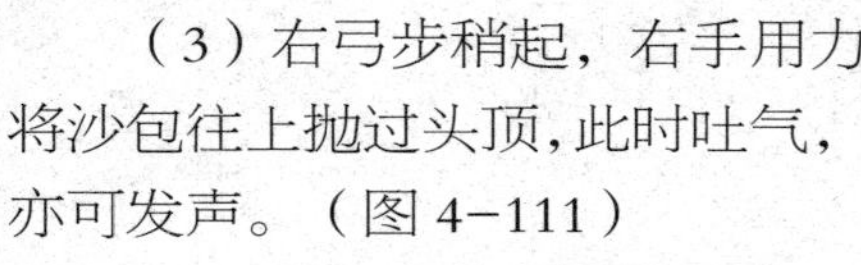

（3）右弓步稍起，右手用力将沙包往上抛过头顶，此时吐气，亦可发声。（图 4-111）

（4）待沙包快要落地之际，左手立即在右脚前侧抓住。（图 4-112、图 4-113）

图 4-111

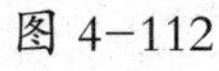

图 4-112

图 4-113

（5）左臂向右上方弧形提起，过头顶，随即翻腕将沙包沉至左小腿外侧（沙包不能落地），成左弓步。（图 4-114 ～图 4-116）

图 4-114

图 4-115

图 4-116

（6）左弓步稍起，左手用力将沙包往上抛过头顶，此时吐气，亦可发声。（图 4-117）

图 4-117

（7）双目注视沙包，待沙包即将落地时，左低弓步，右手迅速将沙包抓住。（图 4−118）

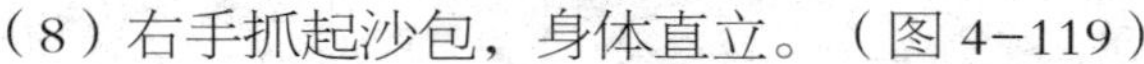
（8）右手抓起沙包，身体直立。（图 4−119）

图 4−118

图 4−119

（9）右手抓住沙包甩过头顶至右大腿外侧。（图 4-120）

（10）身体稍侧，两腿稍弯，从背后将沙包抛至左肩上方。（图 4-121）

（11）双目注视沙包，右脚前跨一步，迅速左转身，右手又将沙包抓住。（图 4-122）

（12）身体继续左转，右脚前上步成右弓步，右手翻腕将沙包沉至右小腿边。（图 4-123）

图 4-120

图 4-121

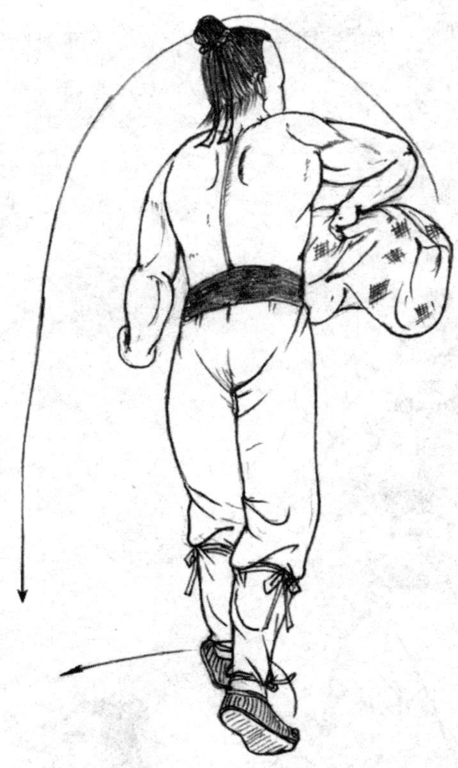

图 4-122

图 4-123

（13）右弓步稍起，用力将沙包抛起。（图4-124）

（14）双目注视沙包，左手快速将沙包抓于右小腿前侧。（图4-125、图4-126）

图 4-124

图 4-125

图 4-126

（15）左手抓住沙包后，身体立起，把沙包甩过头顶至臀左侧后。（图 4-127、图 4-128）

图 4-127

图 4-128

（16）身体稍侧，两腿稍屈，左手将沙包从背后抛至右肩上方，双目盯住沙包。（图 4−129）

（17）右脚前跨一步，迅速左转身，左手又将沙包抓住。（图 4−130）

图 4−129

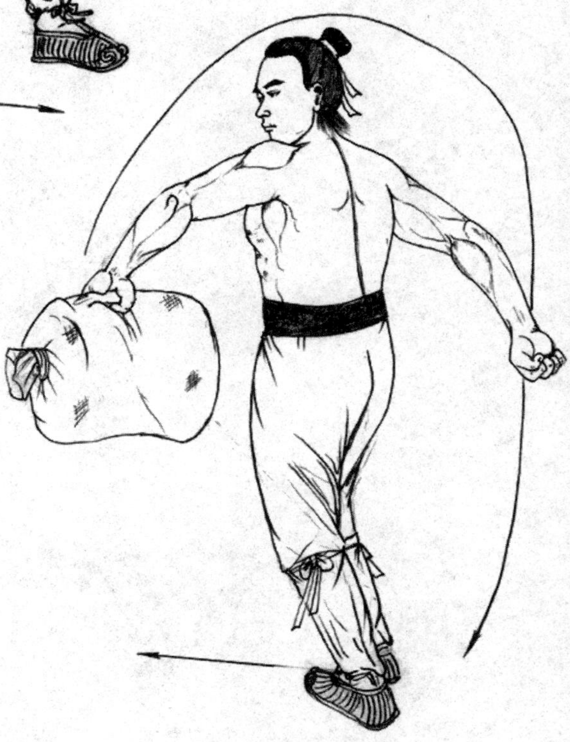

图 4−130

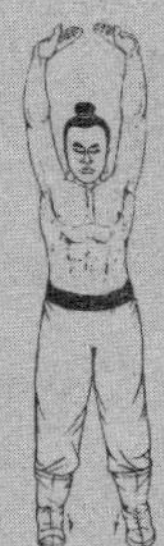

（18）左手抓住沙包后，左脚上跨一步，上体左转，左手将沙包抓过头顶，手腕翻转落至左小腿侧。（图 4−131）

（19）左弓步稍起，左手将沙包抛出，双目注视沙包。（图 4−132）

图 4−131

图 4−132

（20）待沙包快要落地时，迅速出右手抓住。（图 4–133）

右手抓住沙包后，即如第一势，循环抓接练习下去。

图 4–133

（二）双手抓法

（1）两腿成马步桩。调匀呼吸后，伸出双手将沙包抓住，提起与裆平。（图 4–134）

（2）双手用力将沙包向头顶上方抛起。（图 4–135）

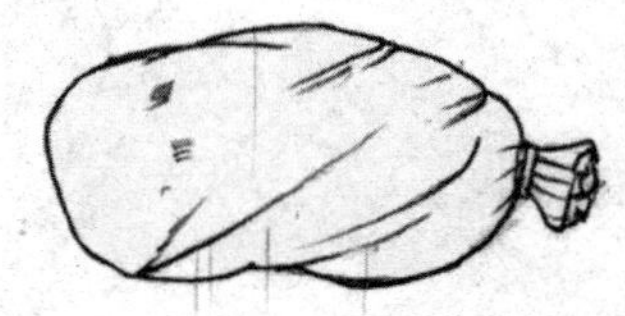

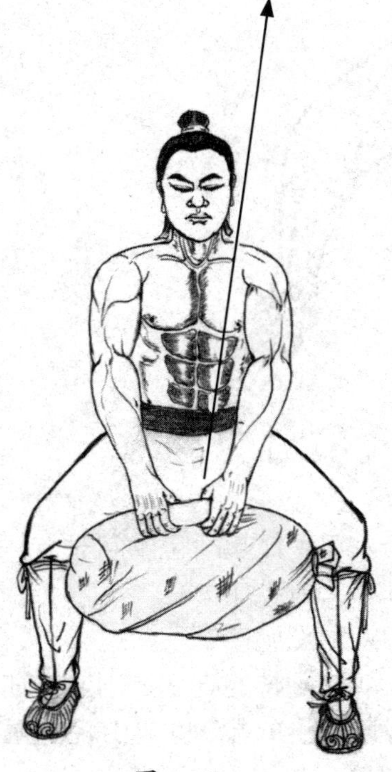

图 4–134

图 4–135

（3）眼望沙包落下，近头顶之际，双手上伸抓接，随即双臂向上举起。（图 4-136）

以上动作反复练习，直至力乏为止。

待功力进步之后，还可以变化出提、放、抓等多种花样。比如，在提起沙包的时候，双手有意识地再将沙包在空中旋转、抛接；也可以单用一手抓接等。不可拘泥一势，只要能练习双爪的灵活抓扣、能发出强大的爆发力就行。

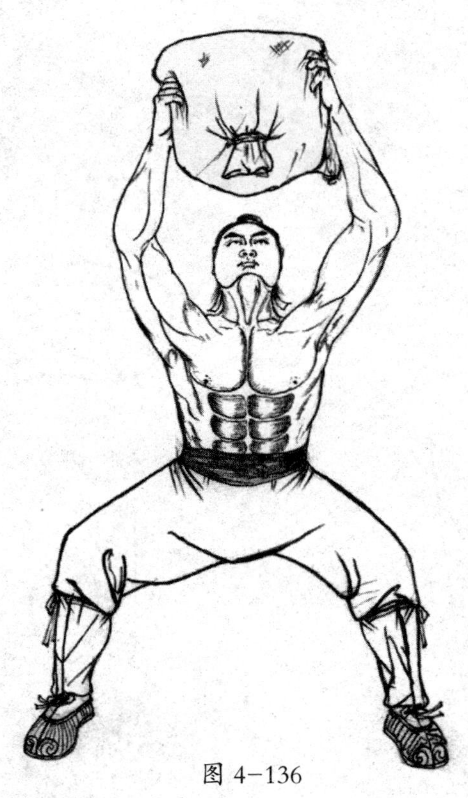

图 4-136

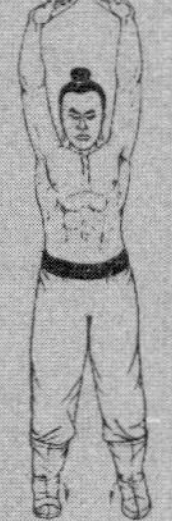

（三）双人对接抓法

两人相对约 3 米距离，马步蹲立。一人双手抓起沙包抛向对方，对方伸出双手抓接住；再如法回抛。（图 4-137、图 4-138）

循环往复，直至力乏而歇。也可三四人围圈抛接。

沙包抛接要与呼吸配合，以气助力。沙包抛起的高度、出手的速度、练习的次数，要循序渐进，逐步增加。沙包的重量，也要由轻到重，随着力量的增加、技术水平的提高不断地增重。变化动作可自定。

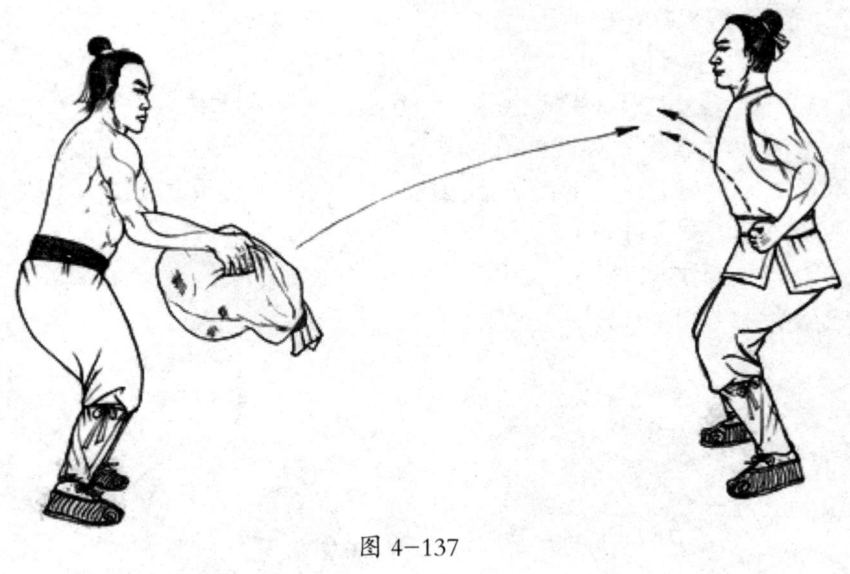

图 4-137

图 4-138

八、拧字诀

拧法的练习有多种，通常以拧卷千斤、拧木棒和拧石磙为主。

（一）拧木棒

备一根长约 1 米、粗（直径）约 6 厘米的坚实木棒。

（1）两手各执木棒的一端，虎口相对，左虚步站立；手指扣紧木棒，以木棒中点为轴，右手向下转压至右胯侧，左手相反用劲，屈臂立于面部左前方。（图 4–139）

（2）左手拧转压下，至裆前；右手拧转到右侧上方，右臂屈立；下盘成马步。（图 4–140）

图 4–139

图 4–140

再如前向下转压，压杠时腕转指扣，左右相反用劲，可左右反复练习多次。

（3）右脚在前，右手掌心向上，左手掌心向下，分握杠的一端，手指紧扣，右手由下向上转腕，左手用指腕劲相反用力。（图 4-141）

（4）右手转腕时要腕随腰转，当右手虎口由木棒的下面转到木棒的上面、不能再转时，右手换把握木棒，使虎口与左手虎口相对，右脚向右后侧摆一步成右虚步，左手在裆前，右手直臂在右前方。（图 4-142）。

图 4-141

图 4-142

（5）左脚向左开步，成左弓步，随着腰胯的转动，右手向下压，左掌背往上挑。（图 4-143）

（6）下盘动作不变，然后左手换把，转木棒，右手由下转动，左手由上转动，同时转身转胯拧劲。（图 4-144）。

图 4-143

图 4-144

（二）拧卷千斤

取直径约 5 厘米，长约 35 厘米的短木棒一根，木棒中段穿一小孔，用尼龙绳从小孔中穿过拴牢，另一端拴在重物（石锁或竹筐等）上，绳子长短因人而异。

（1）两手分握木棒两端，两臂前伸平举。（图 4–145）

（2）左右手依次向内拧转，将绳子徐徐卷起，直至重物贴近木棒。（图 4–146）

然后两手再向外拧转，慢慢将重物降下，反复练习。

需要注意的是，绳子卷放平稳，不宜忽快忽慢，重量随功力而加。

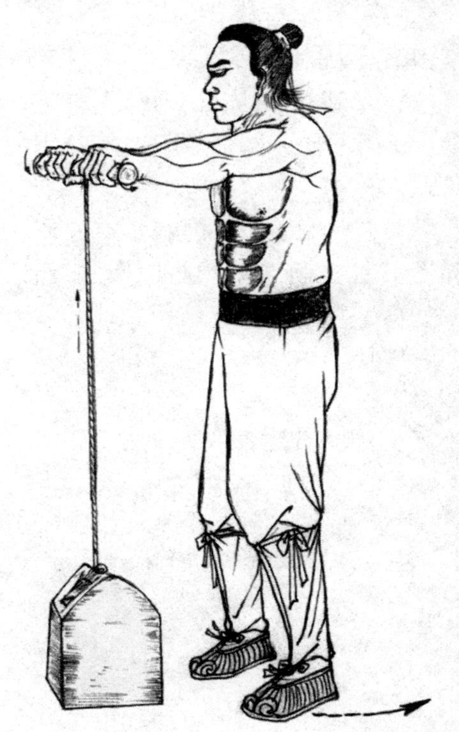

图 4–145

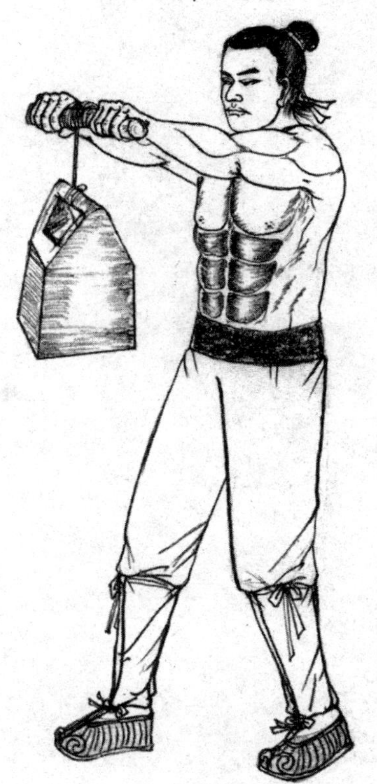

图 4–146

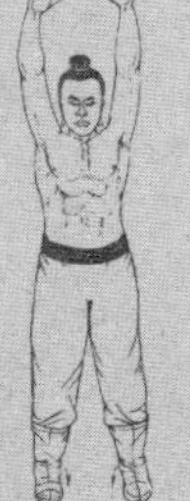

（三）拧石磙

石磙，也称石骨碌，就是农村打谷场上碾稻草的东西。重 400 ~ 600 斤。

练习者开步站立，两脚距离与肩同宽，左手握住滚心轴木，手心向上；将石磙一端提离地面，另一端边轮着地。然后左手向右拧转石磙。（图 4-147）

至右侧时，右手抓住轴木，手心向下；右小臂外旋，向右、向外拧转，石磙滚至左前方，然后换左手拧转，反复进行。拧转时上肢与躯干要协调配合，完整一气，气沉丹田。

外壮神勇八段锦，每日行功 2 ~ 3 次，每次 2 小时。日积月累，坚持不懈，一旦功成，周身皆有无穷之力。实用时，无论用到八法中的任何一法，都会有惊人的功夫效应。

图 4-147

第四节 神勇余功

只有内壮和外壮的共同完成，功夫才可以算得上真神勇。神勇具备以后，也要坚持不断练功，不能轻易间断。不过，以后练功不必像从前那么费时，那么严格，利用业余时间就行。

练功一方面可以选择在山林或园林的茂盛大树下，尤以四季常青、寿命最长的苍松翠柏为佳。这样可以得其木土相旺之气。人在树下，可利用树干锻炼上一节“八段锦”中适宜的功夫，不分顺序，任意锻炼。

另一方面选择山野中自然挺立的巨石，苍润秀洁者为佳，可于石上行推按踢压种种功夫。

为什么提倡在茂木秀石上练功呢？因为优良的木石得自然界中精华和灵气，人取了它们，对自身有滋补的大用。

【预备势】

面向南方立于树干前，左臂外侧向树干，距离约1米。（图 4-148）

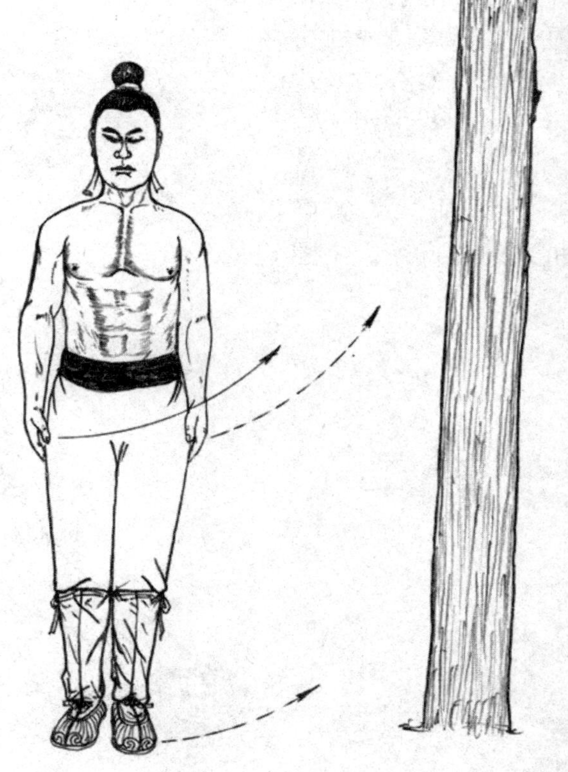

图 4-148

1. 白虎蹲地

身体向左转约 60 度，面斜向树干，左脚向树干迈一步，右脚屈蹲，成三七步；同时，两掌向前伸出成阴阳掌，掌尖向树干，左掌在前，高与口平，掌心向上；右掌在后置于左腋下前，掌心向下，掌尖向左，目视树干。（图 4-149）

图 4-149

2. 白鹤挺鸠

右脚上前一步，站于桩西南侧成右弓步；同时，右手变钩手，用钩背击树干，高与胸平；左掌收置于小腹前，掌尖向桩，掌心向下。（图 4-150）

图 4-150

3. 怀中抱子

身体向左转成马步，左掌收至左腰际；右钩手变掌，从树干南向东反旋臂，用右小臂及掌背绕钩树干，高与肩平。同时，转足尖拧腰成马步。（图 4-151）

4. 青龙探爪

身体右转，成右弓步，面向树干。同时右掌变拳收抱右腰，拳心向上；左掌变龙爪以爪背向前顶击树干，爪尖向下，高与肩平。目视左爪。（图 4-152）

图 4-151

图 4-152

5. 青龙探爪

身向左转，成左横裆步；左手龙爪屈肱护于左腮旁，爪心向外；右拳变掌推出击树干，掌尖向左，高与肩平。目视右掌。（图 4–153）

6. 白虎洗脸

上身向右转约 90 度；右腿屈膝前弓，左脚跟离地；两掌随屈肘竖臂收至面前，肘尖向前，掌心向里，掌尖向上，做防敌击胸姿势。（图 4–154）

图 4–153

图 4–154

7. 倒撞金钟

左脚向树干的南侧上一步，成马步；面向南，左后背向树干。左肘向身后树干撞击，高与胸齐；右掌按住左拳面，头向左转。目视左肘。（图 4-155）

图 4-155

8. 青龙回首

身向右转，随转体右脚向后退一步，成左弓步，上身前倾；右掌顺势抓搭树干，高与额平，虎口向下；左拳护于胸前，拳背向里，目视右掌。（图 4-156）

图 4-156

9. 腰中摆箭

左弓步不变，左拳击树干，高与肩平；右拳收于右腰，拳心向上。目视左拳。（图 4-157）

图 4-157

10. 金鸡伸腿

重心右移，提起左脚向左踹击树干，高与腰平。右拳向右侧撑伸，拳心向前，高与头平；左拳向后撑伸，拳心向下。目视左脚。（图 4-158）

图 4-158

11. 白虎蹲地

左脚向树干前落步，全身右转约180度，右脚后退一大步，左脚略收，成三七步；同时，两掌向前伸出成阴阳掌，掌尖向树干，左掌在前，高与口平，掌心向上；右掌护于左腋前下，掌心向下。目视树干。（图4-159）

图 4-159

12. 白鹤挺鸠

右脚上前一步，成右弓步。同时，右掌变钩手，用钩背击树干，高与胸齐；左掌收于小腹前，掌心向下，掌尖向前。（图4-160）

图 4-160

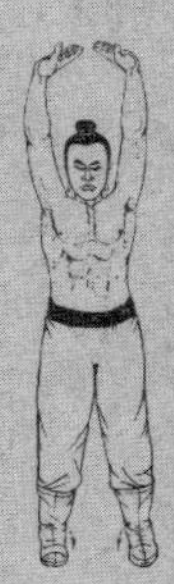

13. 弯弓射虎

上身向右拧转 45 度，步形不变。左臂盘肘向树干顶击，高与肩齐；右钩手变掌按于左拳面。目视左肘。（图 4-161）

图 4-161

14. 铁肩靠山

左脚向前迈进半步，接着，右脚经树干的南侧向前迈进半步，全身左转成马步，立于树干的西南方。左拳从身前向下拦截，拳心向后；右掌握拳抱在腰间；同时，腰向左拧，用右肩向树干靠击。目视右肘。（图 4-162）

图 4-162

15. 倒撞金钟

右脚经树干的西侧绕进一步，仍成马步，站于树干的西北方；身向北，背向树干。右臂盘肘乘势向身后树干撞击，高与胸齐；左拳抱腰间不变，头向右转。目视右肘。（图 4–163）

图 4–163

16. 青龙回首

身向左转 90 度，面向树干。左脚向后退一步，成右弓步，上身前倾。左掌变龙爪顺势抓搭树干，高与头平，虎口向下；右拳护于胸前下，拳心向左。目视左爪。（图 4–164）

图 4–164

17. 腰中摆箭

身体向左转，面向南成马步；同时，右拳击树干，拳心向下，高与肩平；左爪变拳收于左腰，目视右拳。（图 4−165）

图 4−165

18. 金鸡伸腿

重心左移，提起右脚向右踹击树干，高与膝平；左拳斜伸于左侧方，拳眼向上，高与头平，右拳向右伸，拳心向下，目视右脚。（图 4−166）

图 4−166

19. 走马射箭

右脚落步，右转身成右弓步；右臂盘肘向树干顶击，高与胸平；左拳变掌抵于右拳面，目视右肘。（图4－167）

图 4－167

20. 孤舟横渡

左脚前移步，重心落于左腿，成右虚步；右拳变掌，掌心向下，用掌棱击树干；左掌置于右肋前，目视右掌。（图 4－168）

图 4－168

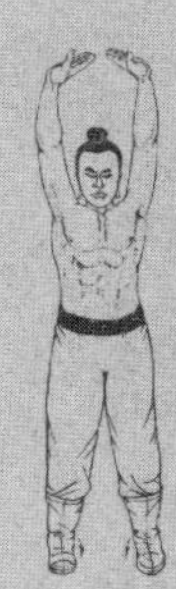

21. 黄蜂入耳

左脚上前一大步，上体右转约 90 度，成右弓步，腰微右拧，面向东；右掌变拳横击，以右小臂内侧为力点割击树干，高与颌平；左拳收于左腰，拳心向上。（图 4-169）

图 4-169

22. 黄蜂入耳

右弓步不变；身微向右拧转，左小臂内侧横割树干；右拳收于右腰，拳心向上，目视左拳。（图 4-170）

图 4-170

23. 老熊上翻掌

右弓步不变；右拳变掌从左肘下仰掌向右抹出，用掌背崩击树干，高与口平；左拳变掌下沉收置腹前，掌心向下，目视右掌。（图4-171）

24. 老熊下翻掌

屈左膝成马步；右掌从上向里、向下画弧，反掌用掌背崩击树干，高与腹齐，虎口向上，目视右掌。（图4-172）

图 4-171

图 4-172

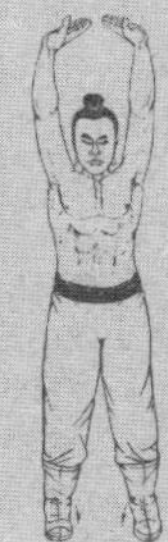

25. 黑虎偷心

身向右转 90 度，成右弓步（面向东）；左掌变虎爪推击树干，高与胸平，虎口向下；右拳收于右腰，拳心向上，目视左虎爪。（图 4–173）

图 4–173

26. 黑虎偷心

身步不变；右虎爪向前推击树干，高与胸平，虎口向左；左爪收于左腰，爪心向上，目视右虎爪。（图 4–174）

图 4–174

27. 虎尾搅林

右爪收按左拳于左腰际，重心后移至左脚，提右脚横踹树干，高与膝平，目视右脚。（图4−175）

图 4−175

28. 盘马弯弓

右脚落于桩前屈蹲，左膝略跪；同时，右臂盘肘向树干顶击，高与肩齐；左拳变掌按住右拳面上，目视右肘。（图4−176）

图 4−176

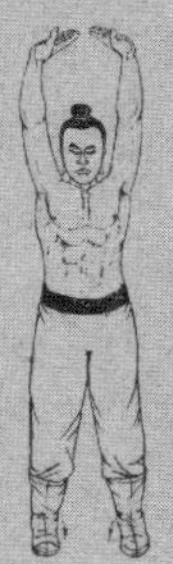

29. 罡风倒卷

身体右转180度，右脚向后（即向东）退一步，左脚迅疾上步成左弓步；左盘肘向树干顶击，高与胸齐；右掌护住左拳面，目视左肘。（图4-177）

图4-177

30. 樵夫指路

右脚向前上步，上身左转180度，成左弓步；右掌顺势横砍树干的北侧，高与颈平；左拳收抱左腰，目视右掌。（图4-178）

图4-178

31. 霸王急捶

（1）身向右转，正面向北成马步；左拳击桩；右掌变拳收于右腰，拳心向上。（图 4-179）

（2）身左转成左弓步；出右拳击桩，左拳收腰。（图 4-180）

图 4-179

图 4-180

32. 霸王脱靴

身向左转，身略前倾，左拳屈肘收至小腹前，拳心向腹；右拳从下而上画弧抄击，屈肘竖拳于面前，拳心向里，拳高齐口；同时，右脚踢击树干，目视右拳。（图 4-181）

图 4-181

33. 铁臂撼树

上身略向左转，右脚绕过树干的北侧向右（即向东）落步，成右仆步；右小臂外侧用横劲击树干南侧，拳心向下；左拳变掌护于右肩前，目视右臂。（图 4-182）

练至此处后，身法一变，即可成“白虎蹲地”势，继续重复练习上述动作，直至熟练。

图 4-182

第五节 贯力运力势法说

易筋经贯力法，就是积蓄元气通达全身，使之无处不到，无处不充，运行不息，达到力劲充沛、功力深厚的方法。

具体练习方法：

（1）两脚开步，与肩同宽，正身直立，挺膝聚力；两掌自然垂于体侧，十指伸直。（图 4−183）

（2）调匀呼吸后，两脚尖外摆成八字之际，两脚跟继外摆成两脚平行状；以鼻吸气的同时，两掌聚力翻掌成掌心向下（有如按住两根木桩，运劲将之按入泥土中），缓缓按至脚背（或脚尖前地面），上身下俯，两腿尽力挺直。待两掌按住脚背（或地面），用鼻将吸满之气缓缓呼出，此时的两掌不能松劲。（图 4−184）

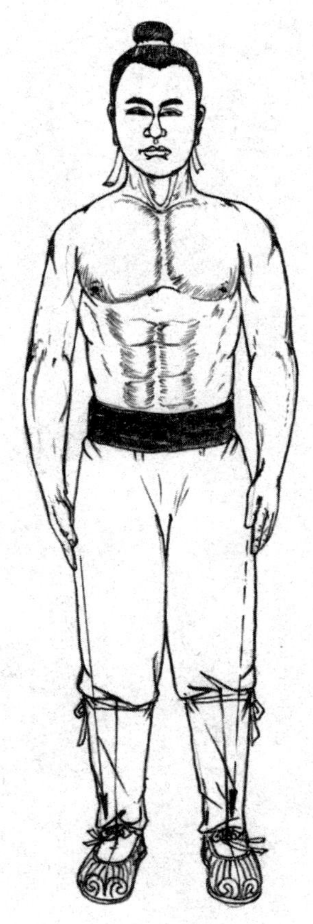

图 4−183

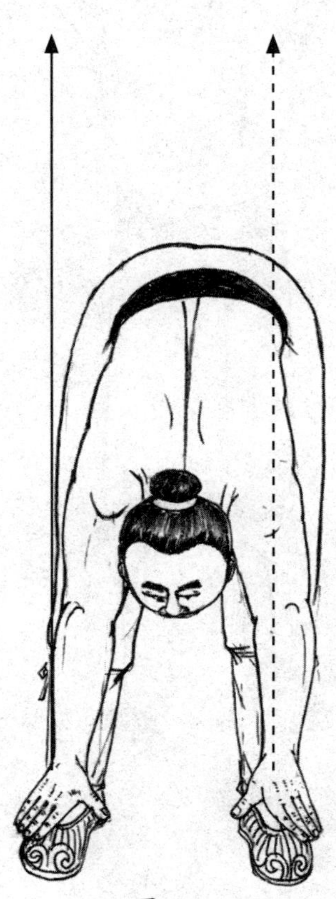

图 4−184

（3）以鼻均匀细长吸气；同时，两掌翻转成掌心向上（有如托住千斤重石），缓缓托起至肩前时，转腕成掌尖向后，伸臂向头顶上方托起（有如托起下塌之天）。至两臂伸尽时，两掌将力守住，用鼻将吸满之气缓缓呼出。（图 4-185）

（4）鼻吸气；同时，两掌屈腕成掌尖相对，掌心向下，有如拉住一铁环将千斤重物拽下之意，将两掌拉至两肩上方。（图 4-186）

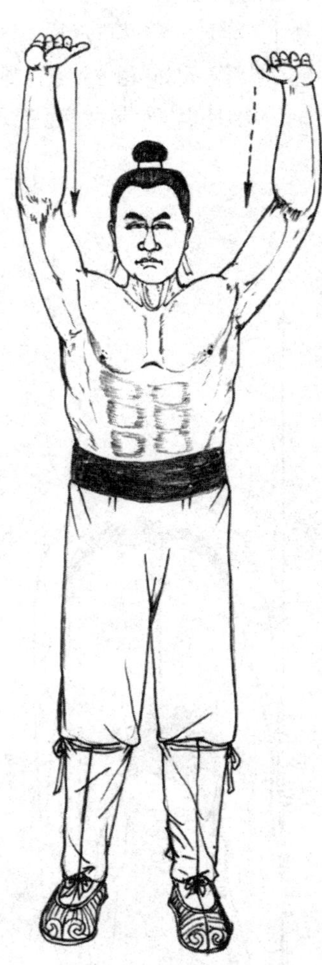
图 4-185

图 4-186

（5）扣指握拳转腕，向下弧形收至两腰际。然后用鼻将吸满之气缓缓呼出。（图 4−187）

（6）两腿挺立动作不变，两掌向臀后下伸至尾闾部时，十指相叉，手心向上，大拇指贴尾闾。配合鼻吸气；同时，两臂夹腋，手向后划动，使背脊内收，胸向前挺，含颔收咽，两肋腋生劲。至气吸满后，拳身放松、收手，用鼻将气呼出。如此动作连续做 3 次。（图 4−188）

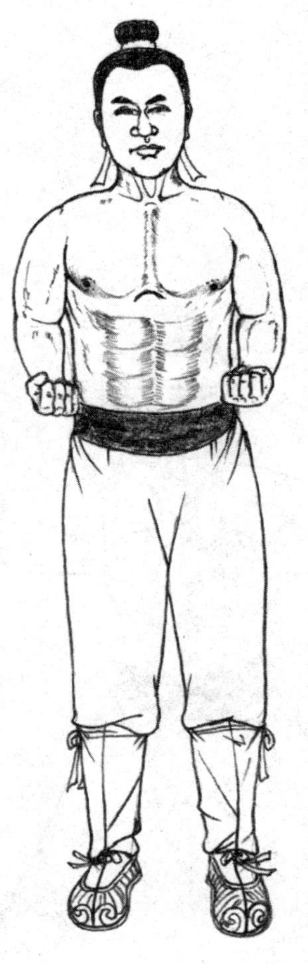

图 4−187

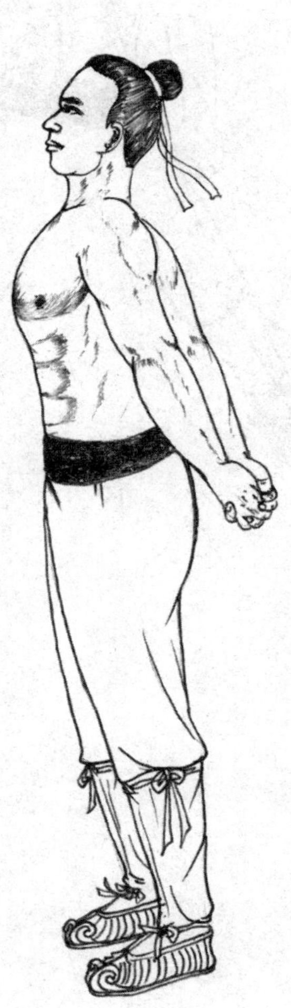

图 4−188

（7）两脚左右大幅分开，成大开裆步，两臂自然垂于体侧。吸气同时，两手用劲握固，拳眼对胯，两目平视前方。（图 4-189）

（8）然后，两拳用力缓缓屈臂抬起至胸前，拳心对胸。（图 4-190）

图 4-189

图 4-190

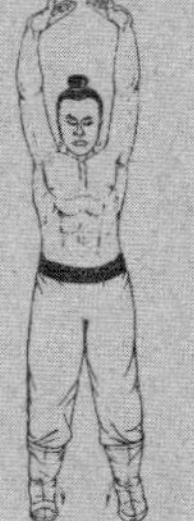

（9）两腿屈膝下蹲成马步；同时，左拳内旋劲翻指成掌，拇指扣于掌心，置于左肩前；右拳置于左胸前，屈臂平肩，目视左侧方。（图 4–191）

（10）上体向左旋转；同时，左掌向左侧前方推出，右拳用力后拉，两臂有如拉弓之势。至左臂撑直时，右拳于右肩腋前守住，拳眼向上，目视左掌。（图 4–192）

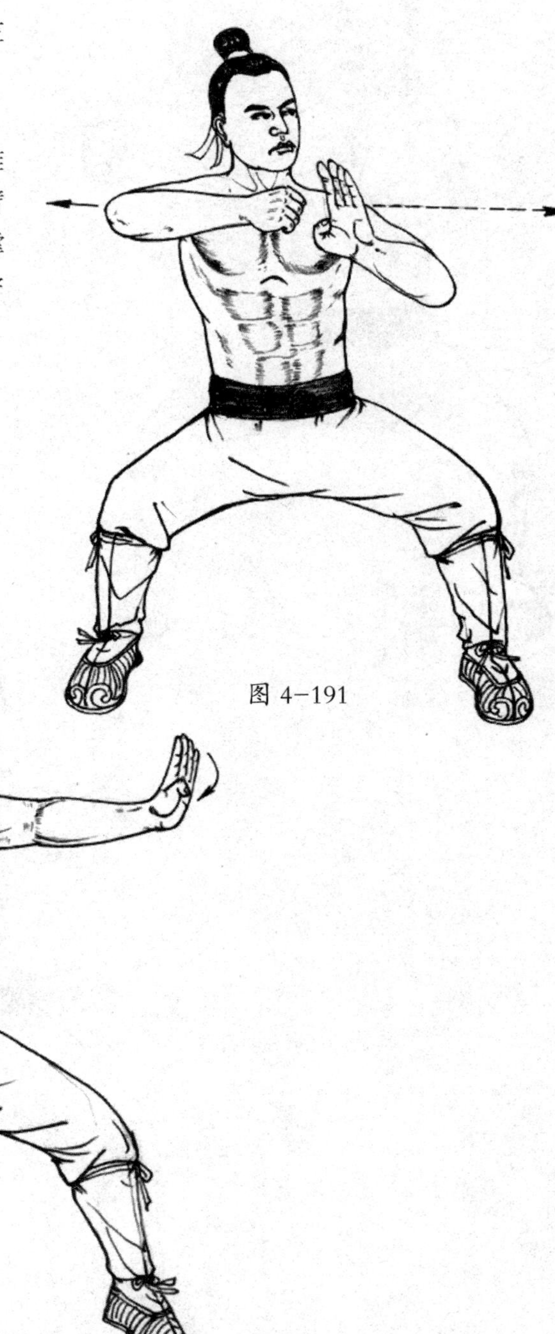

图 4–191

图 4–192

（11）左手内旋腕扣指握固，拳眼向上。（图 4-193）

（12）以鼻呼气，左拳拉回胸前。随即上体摆正，两拳相对抱于胸前。（图 4-194）

图 4-193

图 4-194

（13）接着，做右侧动作，与左侧动作相同，方向相反。（图 4–195 ~图 4–198）

图 4–195

图 4–196

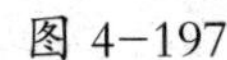

图 4-197

图 4-198

（14）左脚收步，成小开步正身直立，两脚与肩同宽；两拳下落抱于腰际，拳心向上；二目平视前方。（图 4−199）

（15）左拳成掌，随吸气俯身，左掌下伸抓握左踝关节；同时，右拳变掌向右外展臂，坐腕竖掌，掌心向右，至臂伸直；目视地面。（图 4−200）

图 4−199

图 4−200

（16）右掌经两膝前向左侧方弧形推出，掌尖向上，掌心向左，推掌至极而止。（图 4-201）

（17）右掌握拳扣紧收落，继伸指握住右脚踝关节；左手握住右手腕，将气呼出。（图 4-202）

图 4-201

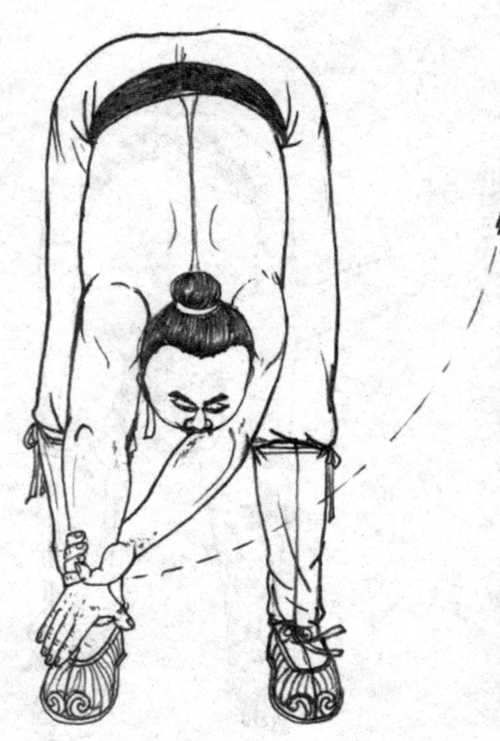
图 4-202

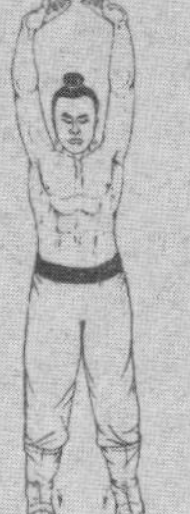

（18）吸气，左手伸掌指向左侧外展，掌心向左，掌尖向上，将臂伸至极限；目视地面。（图 4–203）

（19）左掌经两膝前向右侧方弧形推出，掌尖向上，掌心向右，推掌至极而止。（图 4–204）

图 4–203

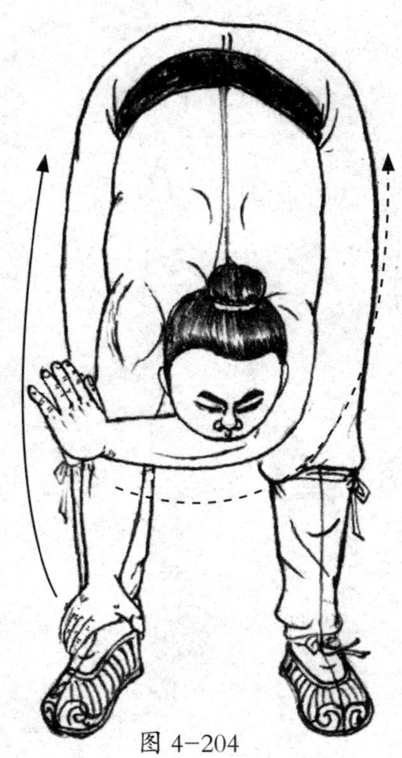

图 4–204

（20）然后松体、松手，起立呼气，抱拳于腰际。（图 4–205）

上述动作左右交替各练习 3 遍。下俯身时，两膝始终保持挺直；在动作中全身用劲绷紧，直至行完一次动作呼气时才全身放松。

（21）按上势站立，两拳松握，两臂自然垂于体侧；二目平视前方。（图 4–206）

图 4–205

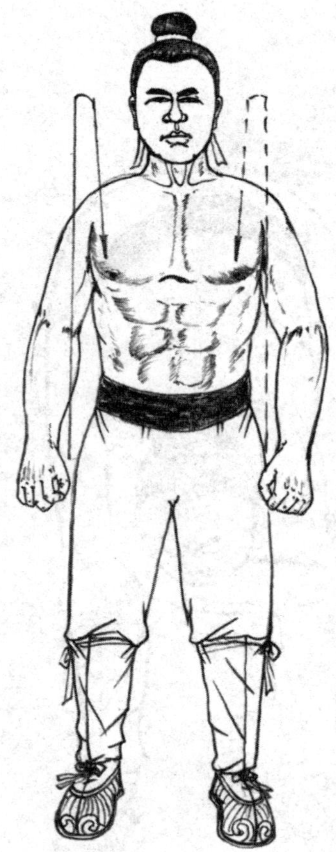
图 4–206

（22）吸气，同时，两拳握紧自两侧如提千斤重物般至肩前立臂时，则两拳臂向内下扳至两乳前停住，拳眼向上，拳心向里。（图 4–207）

（23）用唾沫将气吞咽入丹田后，两拳下收抱于腰际，然后徐徐将气呼出。（图 4–208）

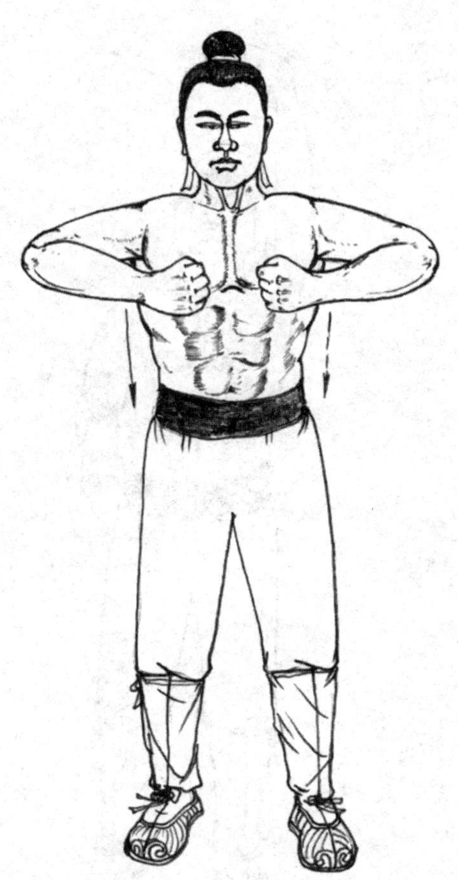
图 4–207

图 4–208

（24）用鼻将气吸满，随即起右拳振臂发力向右脚背击下，拳心向里；目视右拳。（图 4–209）

（25）右拳伸指旋腕转掌，向头顶上方托举至肘臂伸尽，掌尖斜向后，仰面目视掌背。（图 4–210）

（26）右掌扣指握拳，运劲下收，抱于腰际。（图 4–211）

（27）然后练习左手，左手动作与右手相同，方向相反。（图 4–212 ~图 4–214）

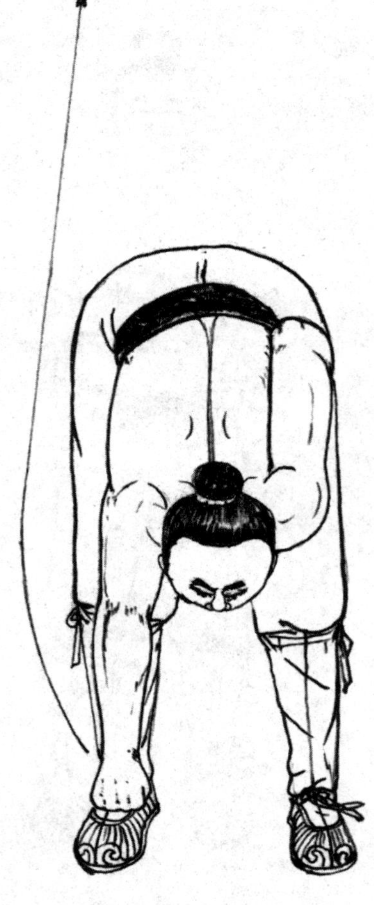

图 4–209

图 4–210

图 4-211

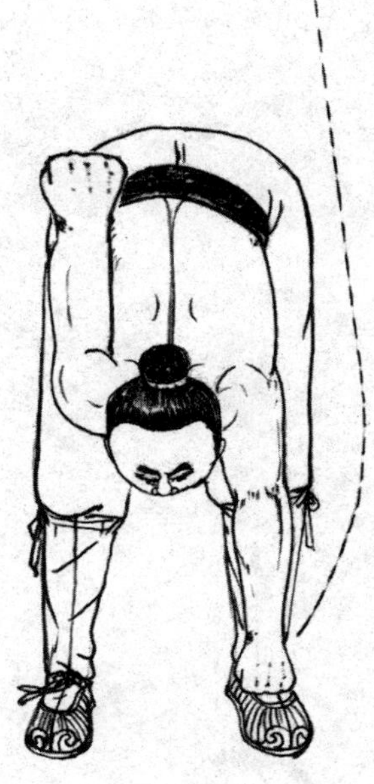
图 4-212

图 4-213

图 4-214

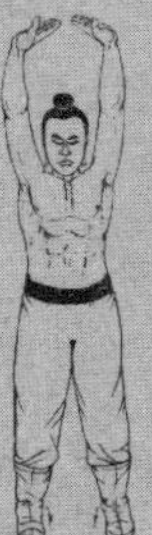

（28）放松身体，呼吸调匀后，两拳成掌收至胸前，十指交叉，掌心向上。（图 4-215）

（29）吸气，同时，两掌翻起向头顶上方托举（如托住塌下重物），仰面目视掌背，至两臂托尽。（图 4-216）

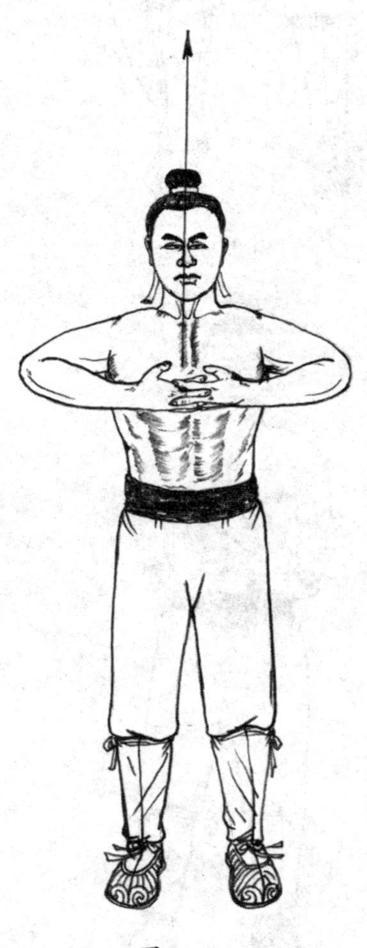

图 4-215

图 4-216

（30）右脚收拢成并步；双掌伸臂向左侧俯身下撑，至上身与两腿成直角。（图 4-217）

（31）左脚向左侧一步，两脚间距略比肩宽，两膝仍挺直；交叉的双掌撑按于左脚尖前地面，下颌尽量下伸。（图 4-218）

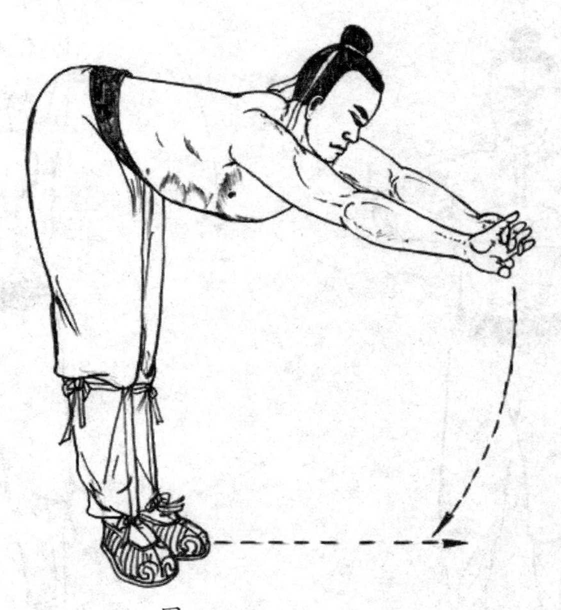

图 4-217

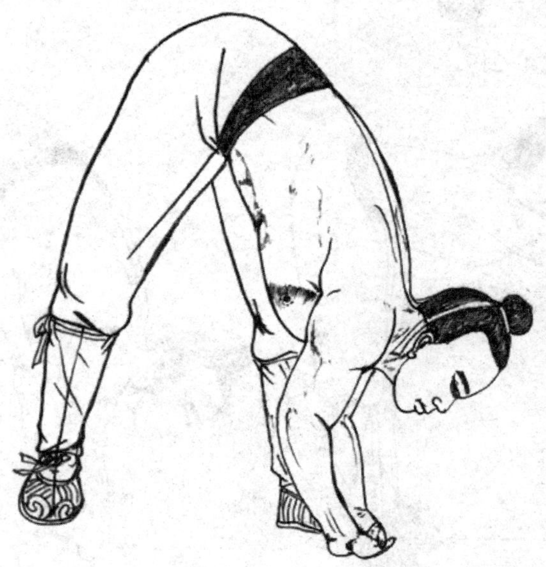

图 4-218

（32）然后起身如前之法向右侧行功，动作方法与前相同，左右各做3遍。（图4-219～图4-222）

图4-219

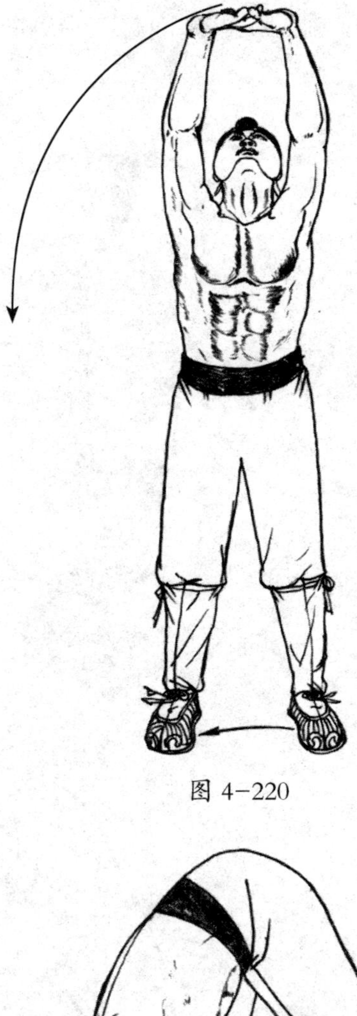

图4-220

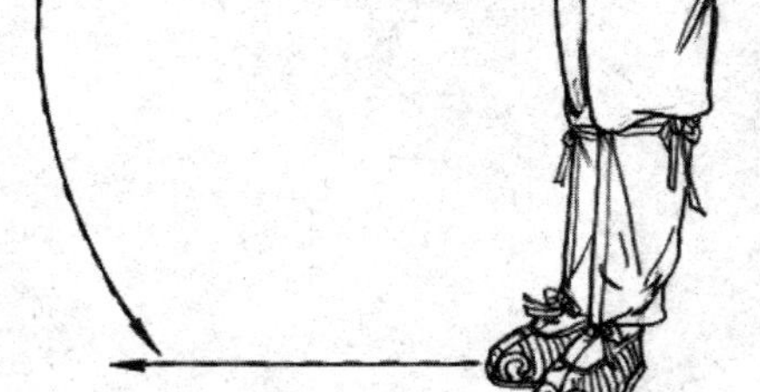

图4-221

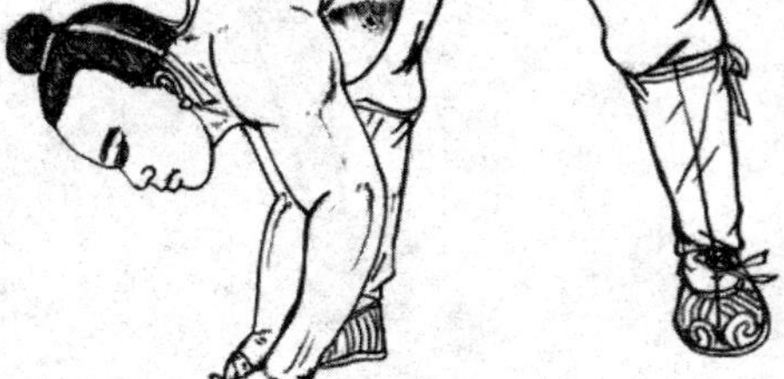

图4-222

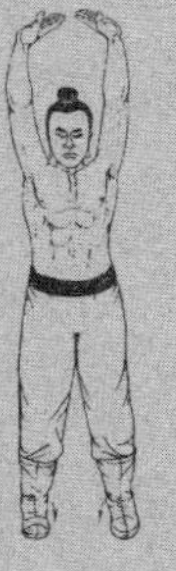

（33）上述练习后，必须揉打，这样才能使膝关节坚强，不至于留下弊病。每次行功之后，用手掌揉之，用拳轻击之，左右膝交替动作，以 49 次为数。（图 4–223）

（34）接着，并腿正身直立，提脚跟做振脚、顿地 49 下；同时配合鼻喷气。下振脚时，脚跟只能是微着地，不可将脚跟与地面直接硬撞，因为，脚跟与后脑相贯，用力过猛恐有损于脑。（图 4–224、图 4–225）

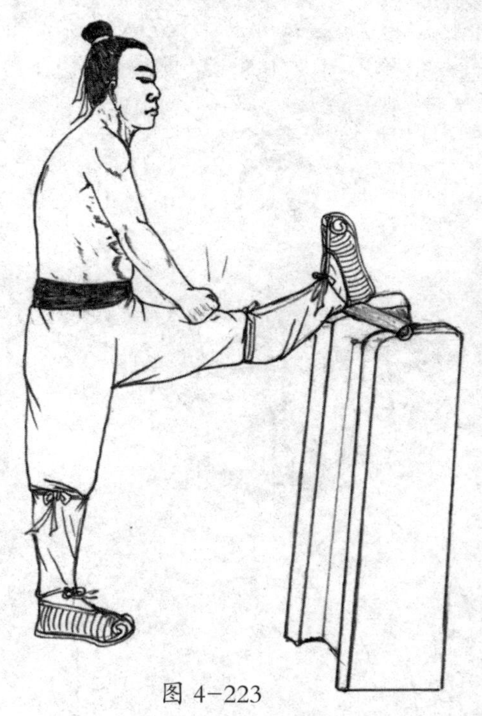

图 4–223

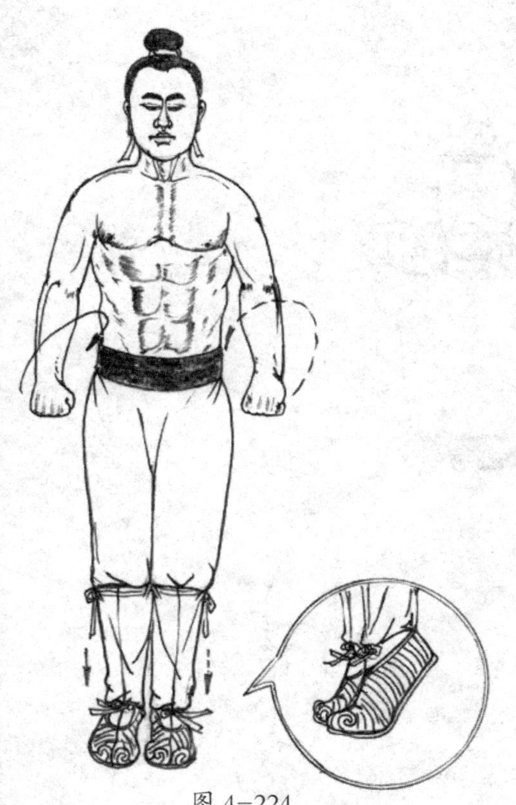

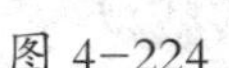

图 4–224

图 4–225

（35）接着，两脚开立成马步；抱拳于腰际。先出右拳，继出左拳，轮流冲拳，可以 108 拳为数。（图 4–226 ~图 4–228）

图 4–226

图 4–227

图 4–228

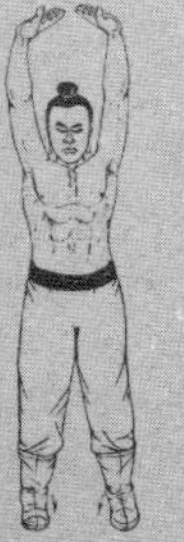

（36）身体平卧于地，两手放在身体的两侧，随即身体悬起，像一座桥。然后闭嘴蓄气，嘴如一个囊袋样，含着气约 2 分钟后，抬头伸颈如同咽下一个硬物一样把气吞下，气往下运行时汩汩有声响。1 ~ 2 分钟后，再蓄气一口，依照上面方法吞下，像这样吞完 81 口气之后，气就自然运行到周身，力气倍增。不练时起来坐着摩擦周身。（图 4–229 ~ 图 4–231）

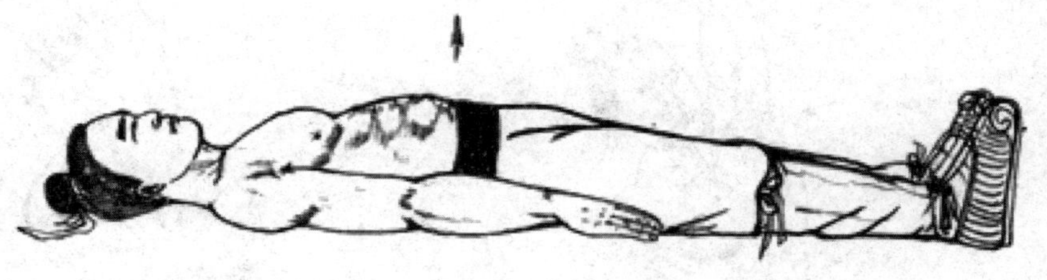

图 4–229

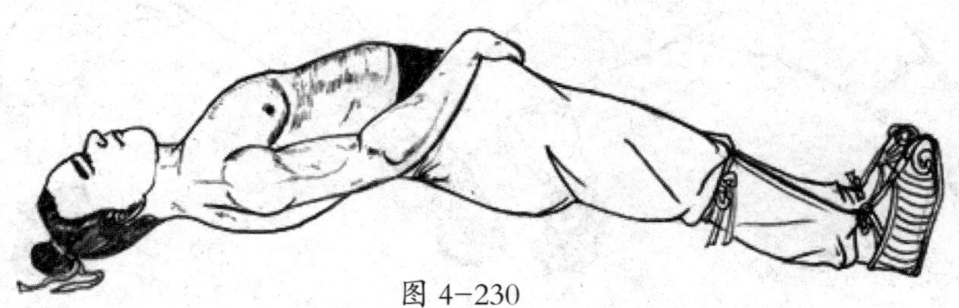

图 4–230

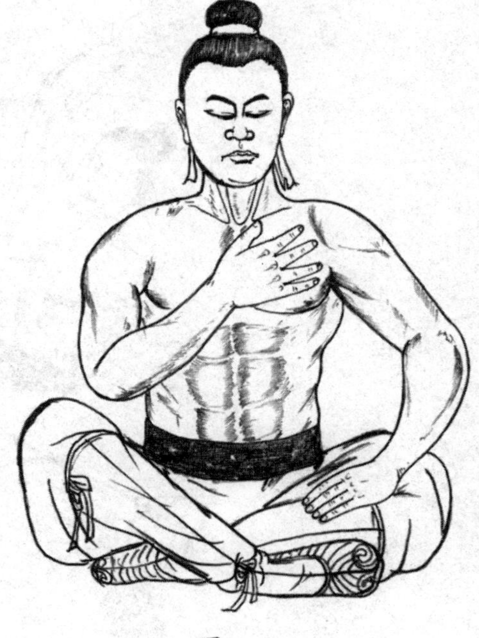

图 4–231

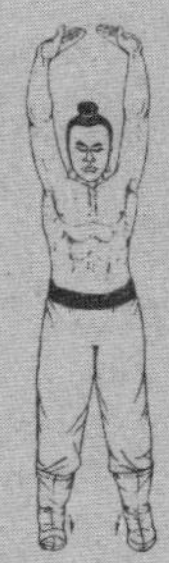

（37）吸气，运遍周身后，用拳捶打全身，每一处都要打到。（图 4-232 ~图 4-234）

图 4-232

图 4-233

图 4-234

（38）用掌棱砍击两腿，每一处都要砍击到。（图 4-235 ~图 4-239）

图 4-235

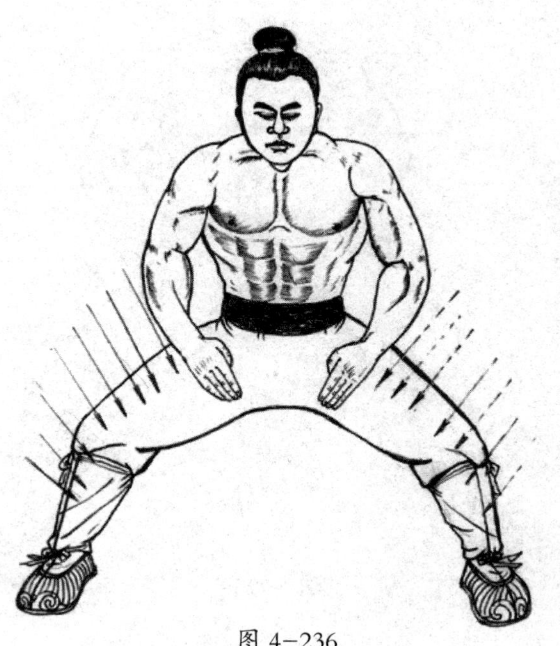

图 4-236

图 4-237

图 4-238

图 4-239

（39）用掌面拍击和揉摩两肩、臂、腕及掌指，密密而行，处处练到。（图 4-240、图 4-241）

图 4-240

图 4-241

（40）张开五指如龙爪，弹性出手，以指尖戳击墙壁或木板、桌案面，渐渐加力，日久爪力大增，能使壁上等留下指痕。（图 4−242）

（41）于平时坐卧之时，将两手握拳，以拳面拄凳面上（或地面），两臂伸直，然后使全身悬离，或盘腿使臀部离悬。（图 4−243）

（42）身体侧卧，一拳拄地，另一手向上伸举，两腿相并，一只脚放在另一只脚上。左右轮换，坚持为功。（图 4−244）

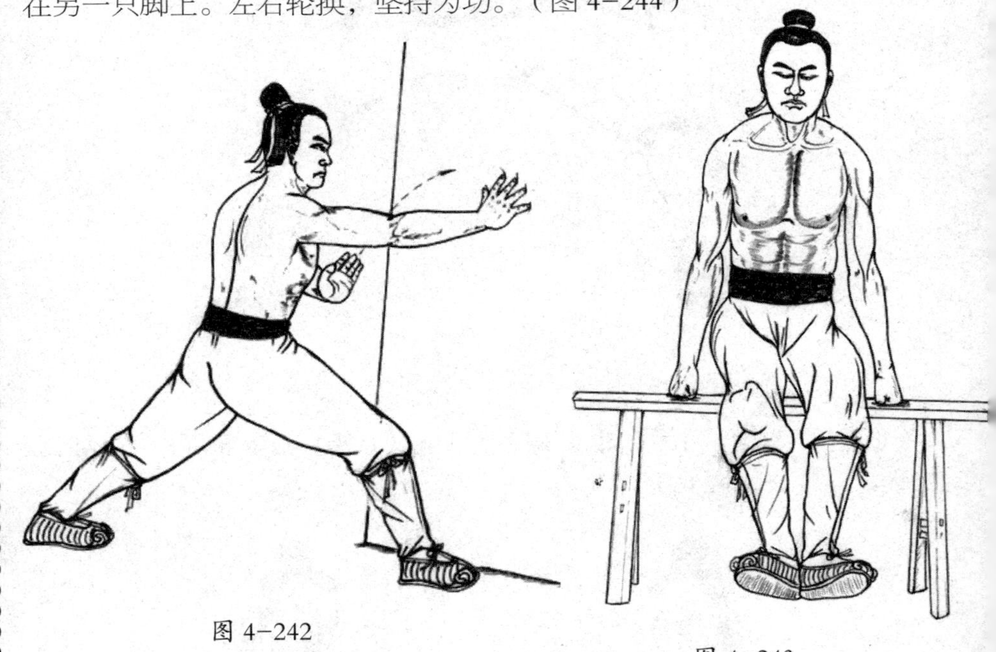

图 4−242

图 4−243

图 4−244

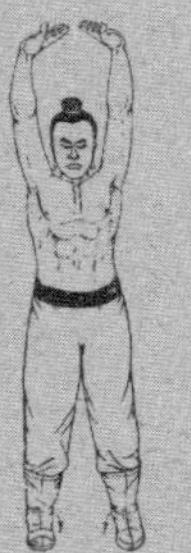

第五章　大操功

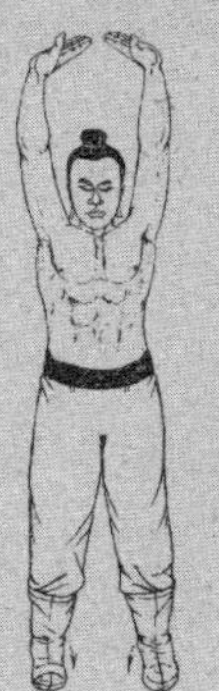

第一节 搓膀腕法

或坐，或站，或蹲立，姿势自选，先伸左膀，用右掌及虎口握住左膀、肘、腕关节，用力搓之，由少而增。初时，以十数把，渐加至百把为度。（图 5–1）

左右两膀、腕交替而行，务使两臂膀、腕、掌指发热透骨为宜。

图 5–1

第二节 打练手足

一、沙袋制作法

初练力量，以操练沙袋为主。沙袋的材料可选用麻袋、帆布、人造革等，外均为圆筒形，上部安装金属扣眼，用来穿吊绳（或用绳将袋口进行捆扎）。

沙袋内部充塞细沙，并加一定比例的鬃毛和锯末。沙袋表皮的接缝部位要平整。初习时，沙袋四周可捆上一层棉垫或泡沫、海绵等软物。

为避免击打沙袋时有沙和尘埃从沙袋口冒出，可将沙袋口部垫或塞上一些棉布等物，捆扎牢实。也可制作一种双层沙袋，将捆扎结实的沙袋装入另一层袋中，中间放置一些柔软物。（图 5–2）

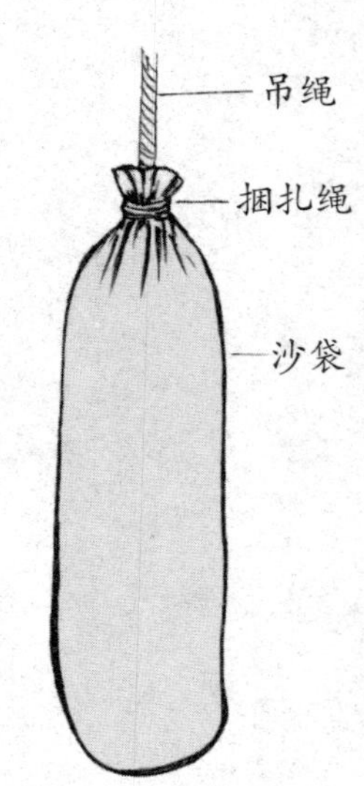

图 5–2

二、练习方法

沙袋大小及悬挂高度，要根据自己的体重、身高和训练目的而定。

轻沙袋为练习拳、肘、头、高腿法专用。轻沙袋练习，可使练习者逐步改进和提高拳、掌、爪、腕、肘、肩、中高腿法等攻击技术，领会放松用力，自然击打等实战要领。由于对处于摇摆中的沙袋必须要敏锐地判断，并配合灵活步法做出迅速反应，可以有效地提高拳法的实战能力，因此，打轻沙袋是体会拳法应用，提高速度、灵敏度等较高的功法练习。

重沙袋是进行综合性练习专用的沙袋。练习重沙袋，可以进一步培养练习者在拳术实战中，正确地应用拳、掌、爪、肘、头、臂、肩、胯、膝、脚等部位的攻击术。同时对合理使用力量，适应击打的猛烈性，发展进攻时的“重击”都有直接的帮助。在进行重沙袋锻炼前，全身关节部位要充分活动，以避免发生挫伤和扭伤。在具体练习过程中，可采用正面、两侧和圆形环绕势的转身攻击方法。

无论是轻沙袋或重沙袋练习都应讲究实效，不仅要有运动量，而且练习应有质量要求。

沙袋的技法练习比较实用的有：

（1）冲拳。（图 5–3）

图 5–3

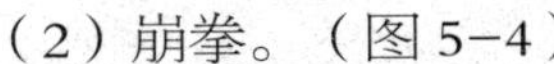
（2）崩拳。（图 5-4）

（3）撩拳。（图 5-5）

图 5-4

图 5-5

（4）撞拳。（图 5–6）
（5）正撞掌。（图 5–7）

图 5–6

图 5–7

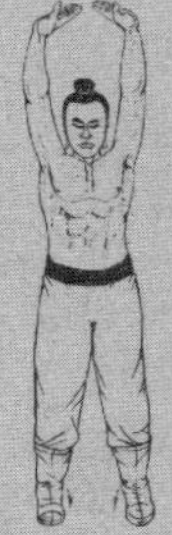

（6）侧撞掌。（图 5-8）
（7）横撞掌。（图 5-9）

图 5-8

图 5-9

（8）侧扫掌。（图 5-10）

（9）反扇掌。（图 5-11）

图 5-10

图 5-11

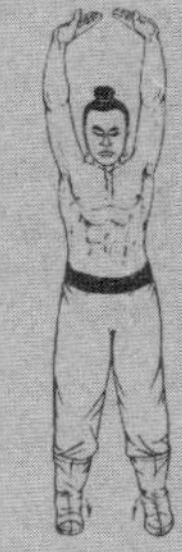

（10）戳掌。（图 5–12）

（11）点指。（图 5–13）

图 5–12

图 5–13

（12）平顶肘。（图 5–14）

（13）横击肘。（图 5–15）

图 5–14

图 5–15

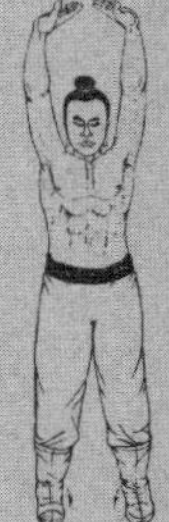

（14）挑肘。（图 5-16）

（15）撩肘。（图 5-17）

图 5-16

图 5-17

(16）头正撞。（图 5-18）

(17）头侧撞。（图 5-19）

图 5-18

图 5-19

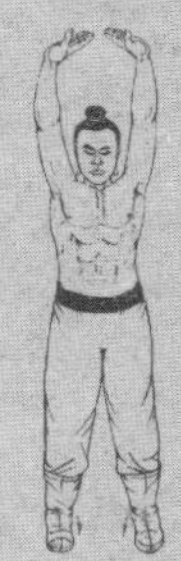

（18）胸撞。（图 5-20）

（19）肩撞。（图 5-21）

图 5-20

图 5-21

（20）腹撞。（图 5-22）

（21）胯撞。（图 5-23）

图 5-22

图 5-23

（22）背靠。（图 5-24）

（23）上顶膝。（图 5-25）

图 5-24

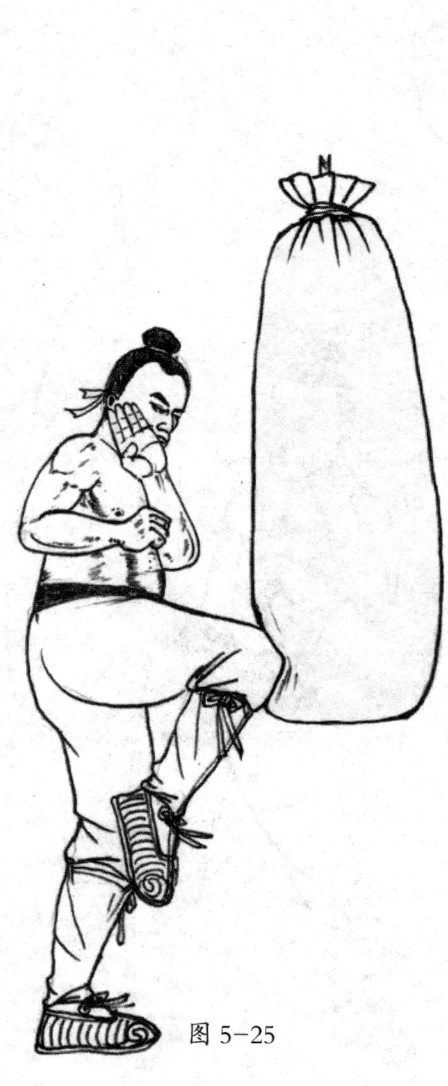

图 5-25

（24）侧撞膝。（图 5-26）

（25）正蹬腿。（图 5-27）

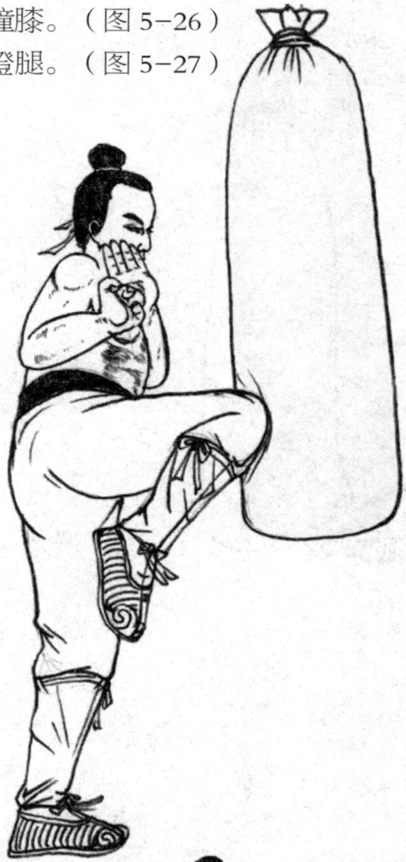

图 5-26

图 5-27

（26）正弹腿。（图 5-28）
（27）侧踹腿。（图 5-29）

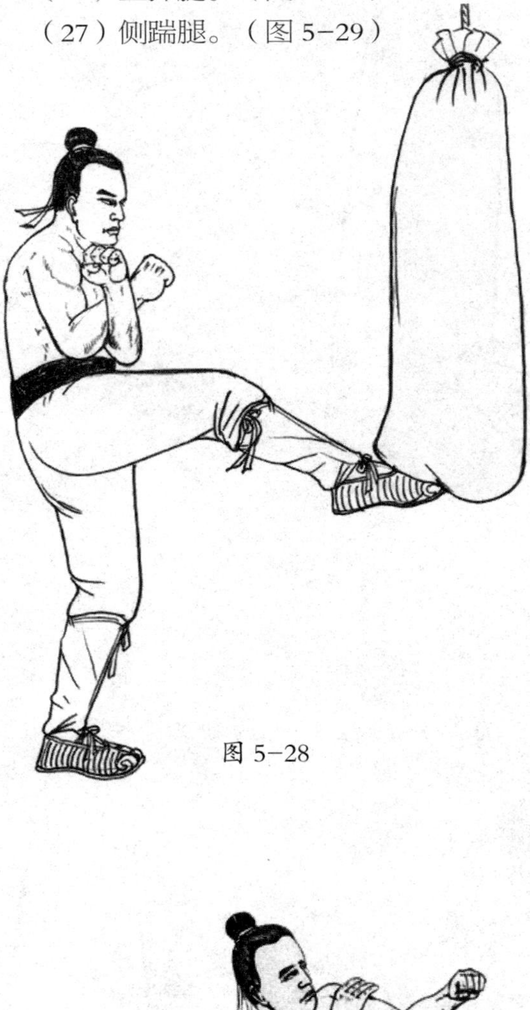

图 5-28

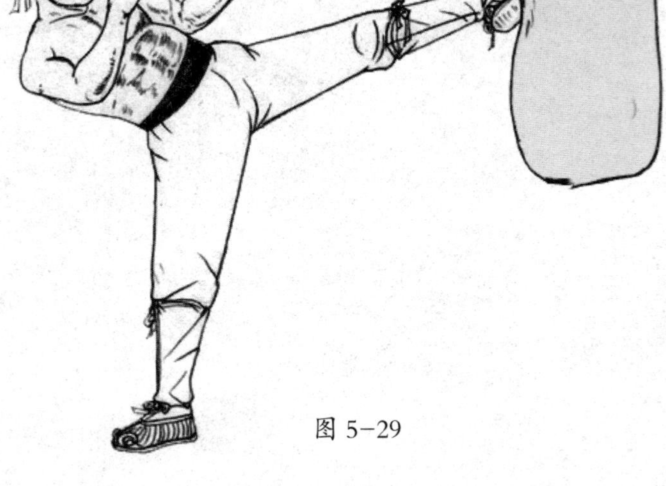

图 5-29

（28）侧弹腿。（图 5-30）
（29）后扫腿。（图 5-31）

图 5-30

图 5-31

（30）反抽腿。（图 5-32）

图 5-32

三、练习要诀

（一）定点打法

多为马步、跟步、半站立姿势和侧身（左右轮换）姿势。可根据自己所掌握的简单的基本技击动作进行拳、腿等功法的单一练习，或根据自己所需要的锻炼部位和专项技术进行反复的专门练习。可在沙袋上标上记号，针对目标进行锻炼。初习者，一定要以基本的拳法（如冲拳、钩拳、摆拳、鞭拳等）和腿法（如蹬腿、踹腿、鞭踢等）来练习，应锻炼出拳的速度，体会力量的运用，还要同时注意左右两手的协调配合，一手进攻，一手防御。逐步养成能运用全力迅速发拳和一旦击空即能迅疾回防、应变的良好习惯。

（二）活动性打法

活动性打法除了具有与定点打法相同的训练作用外，还可以进行拳法组合和自由选择的模拟性实战锻炼，使拳术套路和实战技术得到进一步提高。活动性打法，可采取前后的进退、左右的闪击和环绕势的回环转身进击练习。在进行活动性打法过程中，每发出一拳、一腿，都要有意识提高以“腰为轴”，运用全身的协调的爆发力量，不能单凭手臂、腿脚的局部力量。

在上述两种打法的基础上，还可以进行多沙袋的击打练习（数个沙袋成圆形吊挂在四周）。这种训练，需要技术较全面，必须具有手、眼、身、法、步的高度协调，以及敏捷和判断的准确性等多种技术素质。由于沙袋多，速度快，稍一迟缓，就容易打乱，不好掌握。所以，一般初习时，以单沙袋练习为宜，以后逐渐增加到两个、三个……多沙袋的练习对实战技术有较高的实用价值，是“以少胜多”的武术实战技术的综合性训练。通过多沙袋的练习，可以进一步检验自己的速度、力量、身法、眼法、步法、耐力、反应、准确性，以及技术的功力。

总之，沙袋训练可有效提高技术，为实战打下较为坚实的基础。

第三节 练指法

一、单手练习

（1）取大号铅球一个（或圆石球），放于两脚前，双腿蹲成四平大马。先用右手五指抓住铅球，并缓缓上升，上升过程中吸气，双目注视铅球，右手屈臂将铅球向上提至与肩同高，此时气刚好吸满。（图 5–33）

图 5–33

（2）放开右手五指使球下落。（图 5–34）

（3）然后，右手迅即将下落铅球抓住，并以鼻呼气。反复练习。（图 5–35）

（4）再换左手练习，方法与右手相同。（图 5–36 ~ 图 5–38）

此势初练时不好掌握，但只要勤加练习，日久自可得心应手。学成后，爪力超人，可用于实战之擒拿。

图 5–34

图 5-35

图 5-36

图 5-37

图 5-38

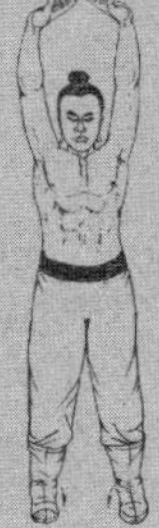

二、双手练习

（1）两腿可选择马步桩，两手各抓一球，伸臂平肩，目视双手。（图 5-39）

（2）放开双手十指使球下落。（图 5-40）

（3）松爪球落，赶紧扑抓，不使落地。（图 5-41）

抓住再松，反复练习。

呼吸自然，该呼即呼，该吸即吸，不必拘泥。动作要快、要准、要灵。

本功既练爪力，又练抓速，还能增强爪擒准确性，作用极大。

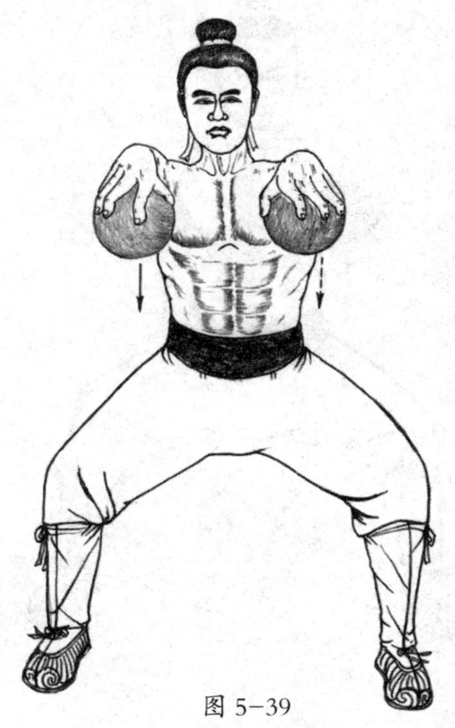

图 5-39

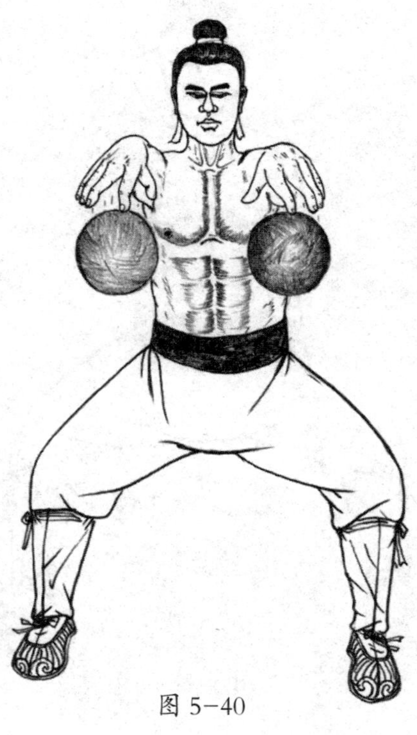

图 5-40

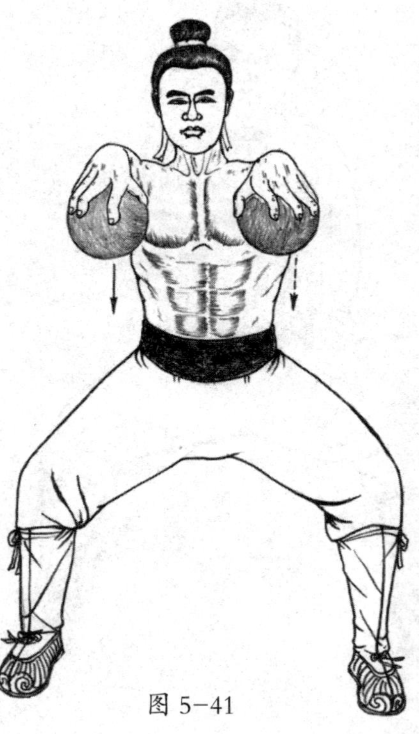

图 5-41

三、坐功

每于坐时，不拘时刻，以左右各五指着座，微欠身躯，指自出力。无论群居独坐，皆可行之，日久自能见效。待功力日深，即可将臀、腿悬离进行练习。

（1）双手十指于体侧撑地，手臂伸直，双腿直膝并拢悬空于体前，与上体成直角，脚面绷直。（图 5-42）

（2）或盘腿用十指支撑身体。（图 5-43）

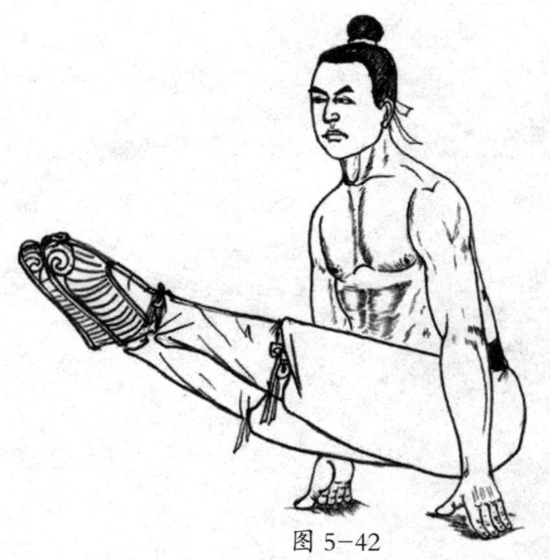

图 5-42

图 5-43

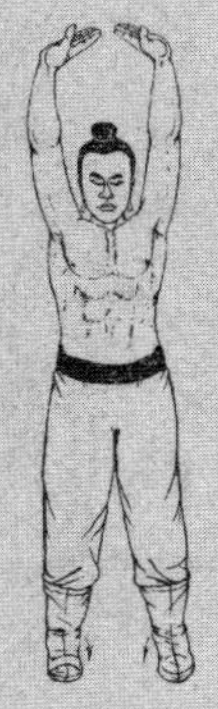